COLLECTION DIRIGÉE PAR
PERRINE SIMON-NAHUM

Les Sept Scénarios de l'Apocalypse

Guillaume Bigot

Les Sept Scénarios de l'Apocalypse

La troisième guerre mondiale
commencera le…

Flammarion

ISBN 2-08-067843-4
Imprimé en France

À ma mère

« Pas un siècle ne s'est écoulé sans que le monde ait reçu plusieurs fois la détestable visite de la guerre. Pas une nation n'a pu naître, grandir, vieillir, mourir en paix. Hélas ! l'histoire des hommes est celle de leurs armes. »

Charles de Gaulle

L'auteur tient à remercier l'Afmb
(Association pour la Fondation Marc Bloch
dont les travaux de prospective lui ont
suggéré l'idée d'un tel travail.

Mes remerciements vont également à celles et ceux qui m'ont apporté aide et suggestions pour rédiger ce livre : Annie Assouline, Didier Billion, Jean-Marie Buissou, Henri et Marianne Dobler, Jean-Luc Domenach, Jean-Baptiste Fouad, Pierre Hassner, Christophe Jaffrelot, Madeleine Marillonnet, Jean Messiha, André Pautard, Béatrice Peyret-Vignals, Philippe Romon, Ghassam Salamé, Jacques Sapir, Serge Sebbah, Perrine Simon-Nahum ainsi qu'aux fonctionnaires des ministères français des Affaires étrangères et de la Défense et à ceux du Département d'État américain.

Avertissement

« À l'aube du XXe siècle, rien n'aurait pu être plus évident que la rapidité avec laquelle la guerre devenait impossible. »

H. G. Wells

Locke s'est trompé : l'homme est plus qu'un simple loup pour ses congénères. L'homme a la rage. Ses canines sont nucléaires. Pour l'humanité, le plus redoutable fléau n'est ni le Sida, ni le cancer. La plus terrifiante des catastrophes n'est ni un raz-de-marée, ni un tremblement de terre. Ce péril n'a rien de naturel, il est humain, trop humain au contraire. Ce danger, c'est la guerre. Dans nos sociétés cherchant frénétiquement à prolonger la vie, la plus vitale de toutes les menaces reste ignorée. La propagation des OGM terrorise l'opinion, celle des ADM (armes de destruction massive) l'indiffère. Ici, on s'équipe d'airbags. Là-bas, on déploie des missiles… à longue portée. On s'interroge sur la raison d'une telle imprudence. Sous les index de

Clinton, Chirac, Blair, Poutine, Zemming et de ceux qui leur succéderont à la tête de puissances nucléaires, se joue pourtant le sort de l'espèce. Pour ces commandants en chef, nier la possibilité que des conflits majeurs éclatent confinerait à l'inconscience. Heureusement, chaque matin, Présidents et Premiers ministres se plongent dans les télégrammes et notes remises par les services spécialisés. Au cœur de l'appareil d'État, espions et diplomates assurent, vingt-quatre heures sur vingt-quatre et sept jours sur sept, une vigie géopolitique. Promenez-vous de nuit à Paris. Longez le siège de la DGSE, du SGDN ou du quai d'Orsay, vous y apercevrez des fenêtres éclairées. Derrière, des fonctionnaires veillent. Avec la fin de la guerre froide, de mauvais motifs idéologiques désarment les peuples. D'excellentes raisons poussent aussi les gouvernements à dissimuler leur crainte. La sécurité d'un État dépend de l'ignorance de ses adversaires. La paix résulte d'une subtile interaction. Inquiéter un rival revient à modifier ce fragile équilibre. Enfin, l'occultation de données intéressant la « sécurité nationale » est également justifiée par leurs modalités de collecte relevant parfois de l'espionnage.

Les *Sept Scénarios de l'Apocalypse* reprennent le pessimisme méthodologique des gouvernements cherchant à prévoir le pire; ils sont élaborés à partir d'informations dites « ouvertes », c'est-à-dire légalement accessibles. L'ouvrage s'efforce en effet d'imaginer comment quelques-unes des poudrières les plus dangereuses de la planète pourraient exploser.

Ces engrenages ont été soumis à l'autorité d'experts des régions ou des États concernés. Les invraisemblances décelées par ces chercheurs ont été supprimées. Cependant, ces fictions n'engagent que leur auteur. En aucun cas, ces scénarios ne sauraient mettre en cause la compétence des universitaires sollicités. Afin de faciliter leur compréhension, chacune des sept nouvelles a été précédée d'un point historique, géographique et stratégique rappelant risques, enjeux et dynamique de chaque crise. S'il le souhaite, le lecteur pressé ou suffisamment informé sautera ces entrées en matière.

Ces scénarios se veulent donc à la fois fictifs et plausibles. Se déroulant dans l'avenir, ils ne peuvent être qu'imaginaires. Il serait cependant imprudent de les faire précéder de la traditionnelle mise en garde : « toute ressemblance avec des personnages existant ou ayant existé ne saurait être que fortuite ». Malheureusement, toute analogie entre l'un de ces scénarios et une histoire qui reste à écrire ne saurait être catégoriquement exclue. La troisième guerre mondiale commencera le.

La grande illusion

« Peut-être la guerre ne vous intéresse-t-elle pas, mais la guerre s'intéresse à vous. »

Trotski

« Arrière les fusils, les mitrailleuses et les canons, place à la conciliation, à l'arbitrage et à la paix ! » C'est en ces termes qu'Aristide Briand invita, en 1926, l'Allemagne de Weimar à rejoindre la Société des Nations. Jusqu'à la drôle de guerre, la nausée du *grand troupeau* entretiendra l'illusion d'une guerre devenue impossible, parce que trop cruelle. Il faudra attendre le douloureux rappel de 1939-1945 pour vacciner l'Occident contre un pacifisme qui avait failli lui être fatal. Puis, pendant quarante ans, l'épée de Damoclès de la guerre froide interdit toute rechute. En plein hiver nucléaire, s'assoupir, c'était mourir. La chose au monde la mieux partagée n'est pas le bon sens mais la peur : Hobbes l'avait écrit, les missiles intercontinentaux le vérifièrent. Le péril écarté, nous nous sommes empressés d'ignorer le pouvoir pacificateur de la crainte. Le pouce levé par Gorbatchev nous procura un soulagement rapidement transformé en lâche fierté. Avant la guerre du Golfe, nous avions conscience d'être les meilleurs. Depuis, nous sommes persuadés d'être les plus forts. On redoutait de ne plus jamais gagner la guerre, on s'imaginera ne plus la perdre. Après la campagne du Kosovo, c'est même reparti comme en 1914 : la guerre redevient fraîche, courte et joyeuse. La croisade qui serait en même temps une promenade de santé, les Occidentaux l'accompliront, avec un siècle de retard. Usage pénible et néanmoins courant du commerce entre États, la guerre devient en 1918 une monstruosité. Elle ressemble aujourd'hui à une maladie jusque-là incurable que nous aurions terrassée. Des thérapies existent, la bête a été apprivoisée, le danger circonscrit, la malédiction levée. Hélas, l'erreur dans laquelle nous nous sommes douillettement installés depuis la fin de la guerre froide est cent fois plus impardonnable que celle de 1914. Car si nous nous trompons, la prochaine ne sera pas la *der des ders*, ce sera l'ultime.

La guerre a perdu

Après la reddition de Bagdad, Jean Baudrillard[1], provocateur, titra : *La guerre du Golfe n'a pas eu lieu.* Pour les soldats de la coalition, il s'agissait à peine d'une boutade. Les images fascinantes des *war-games* persuadèrent le téléspectateur désengagé qu'il assistait au premier conflit programmé de l'Histoire. Du Péloponnèse au

Golan, l'incertitude avait marqué tous les combats. Désormais, la guerre devenait calculable. D'un plan de bataille, Bismarck affirmait qu'il ne résistait jamais aux premières heures de l'engagement. L'assurance américaine fera mentir la prudence prussienne.

Numérisé plusieurs mois à l'avance sur les ordinateurs d'une base de Floride, *Desert Storm* se déroula avec la précision d'un vol en Concorde. De la carte d'état-major en trois dimensions au champ de bataille, la différence s'estompe. Depuis toujours, la guerre ressemblait à un animal sauvage, libéré avec crainte, sans savoir si l'on pourrait le maîtriser. L'application presque parfaite du virtuel au réel domestiqua le phénomène. En tout et pour tout, l'opération anti-Saddam coûtera la vie à six cents soldats alliés. C'est trop mais c'est peu. Pour les familles réceptionnant leurs *boys* dans des sacs isothermes, la guerre conservait son visage hideux. Pour les sociétés occidentales, elle quittait la scène de la tragédie collective pour celle du drame individuel. Pour le plus fort, la guerre devenait un risque acceptable. La guerre du Golfe n'a donc pas eu lieu. Sauf pour la soldatesque de Saddam. Convié par le Pentagone à sillonner les champs de bataille, le général Gallois[2] découvrit l'hallucinant spectacle des retardataires de la « quatrième armée du monde », cent mille cadavres fondus dans la tôle, foudroyés par la précision diabolique de l'artillerie US. Sans nul doute, c'est bien une guerre qu'avait livrée l'Amérique dans les sables du Koweït.

« Tempête du désert » n'était plus une guerre comme les autres ; la bataille du Kosovo fut un conflit à nul autre pareil. Loin d'offrir un cadre aussi propice au déclenchement du rouleau compresseur allié, les contreforts escarpés des Balkans défiaient l'arrogance technologique de l'OTAN. Vérité stratégique dans le Golfe, erreur tactique au Kosovo, la drôle de guerre américaine semblait condamnée à s'enliser dans le bourbier yougoslave. Un ciel nuageux commença par aveugler les aviateurs alliés. La météo pro-serbe conforta les Cassandre. Deux mois durant, Belgrade n'afficha aucun signe de faiblesse. Soixante-dix-neuf jours plus tard et en l'absence de tout combat au sol, Belgrade jeta l'éponge. Deux chiffres résument l'écrasante défaite serbe. Zéro, c'est le nombre de victimes dans les rangs de l'OTAN. 99,6 : c'est le pourcentage de cibles visées effectivement détruites. « Scores » époustouflants dus au fait que cette fois, la totalité des munitions employées étaient « intelligentes ». On déplora quelques « bavures », guère plus que parmi les alliés pendant le conflit du Golfe. Tout au plus, s'agissait-il de regrettables erreurs. La prochaine fois, on ferait mieux. Ainsi, après la répétition irakienne, l'heure de la première yougoslave avait sonné. La guerre *light*, allégée en hémoglobine, sans perte était enfin disponible « *at a theatre near you* » comme disent les bandes annonces des films américains. Incroyable révolution copernicienne dans l'histoire militaire : il devenait possible d'améliorer l'efficacité d'une arme en diminuant son potentiel de destruction. Exterminer un nombre toujours plus élevé d'adversaires : tels avaient été jusqu'ici le but et le résultat de tout perfectionnement dans l'art de combattre.

Une logique morbide et « quantitative » qui culmina avec l'arme nucléaire. La bombe : arme idéale qui annihile toute résistance, l'arme imparable qui emporte instantanément la décision, en bref, l'arme absolue. Mais aussi une arme neutre qui, lorsque l'adversaire la détient, gèle tout conflit. Arme anti-arme, arme absurde dont l'effroyable puissance se retourne contre elle-même. Grâce à ce que, outre-Atlantique, les experts nomment la « RMA[3] », la révolution dans les affaires militaires, c'est ce verrou nucléaire qui saute. Derrière l'énigmatique acronyme se cache une idée simple : la troisième révolution industrielle transforme l'art guerrier. L'informatisation du marketing, des moyens de paiement a permis aux économies de produire plus, plus vite et plus intelligemment. L'armée des États-Unis fut la première à transposer ces principes au plan militaire. Ainsi, des forces aériennes, navales, terrestres, plus souples et parfaitement coordonnées par les télécommunications, devenaient d'authentiques « systèmes » de combat. La qualité primant la quantité, « zéro stock », « zéro délai », « zéro défaut » devenaient des normes militaires. Résultat : un bataillon de bleus disposant d'un matériel *high-tech* taillera en pièces une division aguerrie mais équipée d'un matériel plus frustre. Grâce à la « RMA », la guerre cesse d'être une option aventureuse et devient instrument de précision. Outil qui, comme on l'a vu au Kosovo, peut s'avérer redoutablement maniable. Car l'OTAN n'a jamais souhaité briser Milosevic ; seulement le convaincre qu'en restant dans la province albanaise, il perdrait chaque jour un peu plus de son pouvoir. Ainsi, une pédagogie diplomatique fut-elle poursuivie vingt-quatre heures sur vingt-quatre, pendant soixante-dix-neuf jours. Une humiliante leçon qui consista à accroître à la marge le coût d'un maintien de la province dans le giron serbe. En somme, la technologie militaire US désarçonne Clausewitz[4], penseur de la montée aux extrêmes, mais remet en selle l'auteur de « la guerre, poursuite de la politique par d'autres moyens ». C'est bien un prolongement de la négociation de Rambouillet par des moyens plus persuasifs qu'aura réalisé l'OTAN. Extrapolant les avancées technologiques américaines, certains auteurs vont plus loin : l'humanité sera bientôt débarrassée des carnages de l'ère industrielle. Un jour, les morts à la chaîne deviendront aussi désuets que les chaînes de montage. Les bouchers *has been* rendront leurs galons aux analystes programmeurs. L'avenir est à la guerre sans combat. Il suffit d'imaginer que les cibles des conflits futurs ne seront plus les combattants mais les « systèmes » adverses. Une fois neutralisé, l'ennemi devra se rendre. Si la guerre vise à « contraindre l'adversaire à exécuter notre volonté », une violence contenue, virtuelle, acceptable fera parfaitement l'affaire.

Le sommet dans l'art de la guerre, c'est de « vaincre sans combattre ». Sun Tzu, stratège chinois du Ve siècle avant notre ère, en avait rêvé. Le Pentagone le fera. Le mieux n'est plus l'ennemi du bien. Ébahi par son invincibilité technologique, l'Occident peut donc célébrer sa supériorité morale.

Le cimetière de la guerre

Commencé avec un coup de pistolet à Sarajevo, le siècle s'achève sur le bombardement de Pristina. La boucle est bouclée. Débutant comme une tragédie grecque, l'Histoire accouche d'un *happy end* hollywoodien. On a eu chaud. Trotski avait prévenu : qui veut vivre heureux aurait mieux fait de ne pas naître au

XXe siècle. Avant de refermer ce livre d'épouvante que fut l'histoire contemporaine, rédigeons une mise en garde à l'attention des âmes sensibles. Puis passons à la suite : révolution du vivant, âge de l'information, ère du verseau, de la complexité, des réseaux, de la *world-culture*. Que la *rave* commence ! L'Occident a terrassé l'un des plus redoutables fléaux de l'humanité : la guerre. Épidémies, migrations, terrorisme, nous ne sommes plus sans peur mais nous ne traînerons plus ce reproche. La guerre comme « acte de violence, destiné à contraindre l'adversaire » a sûrement un avenir. Mais comme tragédie, elle ne concerne plus les sociétés avancées. Pour l'Occident, la révolution techno-stratégique récompense son avance économique, politique, morale, juridique. Quoi d'étonnant à ce que nous soyons les plus forts ? Nous sommes les meilleurs. *Nec pluribus impar*[5], soupiraient déjà les Romains. Depuis longtemps, nous espérions la fin de la guerre. Briand et Kellog l'avaient déclarée illégale en 1928. Une fois n'est pas coutume, le droit avait précédé le fait. Désormais, les prophètes pacifiques sont armés et gagneront toutes les guerres que l'on osera venir déclarer. D'ailleurs, la marche du monde désarme d'éventuels agresseurs. Ne pouvant plus être perdue, la guerre n'a plus de raison d'être.

La révolution militaire emporte des conséquences politiques formidables. Avec la guerre du Kosovo, on a tué ni trop, ni trop peu. Les frappes ont été délivrées, sans stock inutile de munitions, ni de cadavres. La prochaine fois sera la bonne. L'armée américaine prépare la guerre du futur, la guerre hollywoodienne, la guerre sans morts. Grâce aux glus paralysantes, aux robots combattants et aux bombes logiques, les méchants seront terrassés sains et saufs. Nous les massacrerons vivants ! La guerre devait être chirurgicale. Elle le restera mais de même qu'on opère sans ouvrir, on vaincra sans tuer. Au-delà de la prouesse scientifique, on saisit l'avancée politique. L'histoire enterre la paix des cimetières. Une paix qui n'en fut jamais une car les veuves des vaincus sont rarement joyeuses et qu'en grandissant, les orphelins montrent une fâcheuse tendance à prendre les armes.

Dorénavant, nos adversaires ne seront pas seulement militairement défaits mais moralement désarmés. Puisque nous leur laisserons la vie sauve, ils n'auront plus le cœur à se battre. La technologie occidentale paralysera la dialectique d'Abel et Caïn. La première raison de guerroyer, peut-être la plus ancestrale, sûrement la plus irrésistible, la vengeance, tombera. Conseillant aux dirigeants occidentaux d'ouvrir leurs frontières afin de laisser les légions d'Hitler goûter aux joies de notre mode de vie placide, Simone Veil n'avait qu'un tort : avoir eu raison trop tôt. L'Occident aurait vraiment vaincu la guerre, cette fois-ci par KO.

La technologie nous protège parce qu'elle résulte d'un mode de production immatériel. Puisqu'il n'est plus à présent de richesses que d'informations, les guerres de conquête perdent leur raison d'être. La globalisation n'assure donc pas seulement la prospérité de tous, elle veille à la paix perpétuelle. L'univers entier devient un vaste marché aux « puces » où des partenaires commerciaux, pratiquant un libre-échange mutuellement profitable, n'ont aucune raison de se chercher des crosses. Quand bien même les gouvernants seraient enclins à se quereller, la mondialisation les mettrait hors jeu. Les forces de rappel économiques paralysent les belliqueux. La globalisation isole les crises, étouffe les poudrières et stoppe les krachs. Bref, elle éteint les mèches des guerres mondiales. La main invisible retiendra donc le bras du guerrier. Si le doux commerce, cher à Montesquieu, apaise les États, le *hard* marketing adoucit les mœurs.

Conséquences de la nouvelle organisation sociale : apparaissent des valeurs de plus en plus civiles et de moins en moins guerrières. La consommation de masse réduit le coût de la vie mais élève celui de la mort. Le ralentissement démographique accroît le prix relatif de la force de travail et « renchérit » celui de la vie. Individualisme, consumérisme, hédonisme, relativisme imposent une seule réalité psychologique. L'Occidental n'aperçoit plus de raisons valables d'aller se faire trouer la peau. Tout au plus, sauver celle de sa femme, du moins s'il n'a pas déjà divorcé. Le doute a miné toute conviction religieuse au sens où celle-ci dépasserait la vie humaine et mériterait que l'on se sacrifie pour elle. L'Homme n'est plus la mesure de toutes choses, c'est l'individu, armé de son double décimètre, de sa carte bleue et de sa zapette qui devient l'expert géomètre de sa propre existence. Ne différant guère du divertissement selon Pascal, l'*entertainment made in USA* meuble efficacement le vide existentiel. La survie du corps, la somme des plaisirs qu'il procure constituent les seules raisons de vivre. La sensibilité s'accroît et le spectacle de la souffrance devient insupportable. L'individu a peur de mourir, il craint donc de faire souffrir. Ce constat renferme sa part d'ombre et sa part de lumière : la lâcheté et la compassion.

Enfin, si ces raisons ne suffisent pas à convaincre les adeptes d'une *realpolitik* pure et dure, de vieux arguments restent stockés. Rien ne « désinventera » la bombe ou les autres armes de destruction massive. Ces machines infernales compromettent peut-être le salut de leurs détenteurs mais elles garantissent leur tranquillité. Missiles nucléaires, munitions chimiques, armes bactériologiques dissuadent toute montée aux extrêmes. Or, le risque de la guerre résidait dans celui de l'escalade. Tout État détenant de telles armes possède une assurance tout risque, police solide puisqu'elle repose sur l'instinct de survie d'un agresseur potentiel. Ainsi, la drogue douce de la *pax americana* est bâtie en dur. L'euphorie stratégique occidentale repose sur d'inébranlables soubassements.

La guerre impossible n'est plus une utopie de philosophe mais une prévision d'économiste, un calcul d'ingénieur, une conclusion de politologue. La révolution militaire et les enseignements de la pacification du monde font système. Ce ne sont pas les rêveurs qui ont vaincu la guerre mais les stratèges. Pour la première fois dans l'Histoire, les pacifistes sont armés. Pour la première fois, les États qui ne veulent plus combattre sont les plus puissants.

En effet, la maîtrise technologique, clé de la supériorité militaire, demeure l'apanage des États les plus riches. Ces États sont ceux où le coût de la vie humaine est devenu prohibitif, ceux où la sensibilité s'est le plus aiguisée. Occidentaux et Nippons jouissent de régimes démocratiques, profitent du droit international et bénéficient d'une sécurité collective qu'ils ont instituée. Même imparfaitement contrôlés par leurs gouvernements, les flux de la mondialisation demeurent entre leurs mains. Entre eux, une guerre mondiale est impensable. Entre eux, la remise en cause de règles qui fonctionnent à leur avantage serait délirante. Entre eux, l'interdépendance met plus sûrement la guerre hors la loi que tous les pactes Briand-Kellog, passés, présents ou à venir. Ainsi, si nous ne craignons plus la guerre, c'est parce que les seuls États capables de nous la faire nous ressemblent. Soyons sérieux : la « guerre » du Golfe, celle du Kosovo furent des opérations de police, tant la disproportion entre les forces était flagrante. En Milosevic, nous avons puni un contrevenant. Si Saddam avait été Hitler, les blindés de Swartzkoff se seraient arrêtés à Bagdad, pas avant. Le bon ne frappa le truand que parce que celui-ci menaçait le brut. La guerre, la vraie, est toujours une tragédie dont nul ne connaît l'issue. Elle peut être perdue. Elle peut coûter la vie ou la liberté aux États qui la font. Nous ne connaîtrons plus que des conflits baptisés « locaux » car ils verront s'affronter de plus faibles que nous. Au siècle prochain, des guerres éclateront mais aucune ne sera perdue. Nous essuierons des défaites comme celle du Vietnam ou de l'Algérie, c'est-à-dire des défaites contre nous-mêmes, des défaites morales, par abandon ou par calcul.

Au pire, on verra des Dien Bien Phû mais plus de Waterloo. Verdun, Dresdes, Hiroshima : de tels champs de ruine appartiennent au passé. À l'avenir, c'est à peine si quelques envieux, deux ou trois tricheurs et une poignée de retardataires troubleront notre quiétude. Le libre-échange, Internet et, si nécessaire, les missiles Tomahawks, finiront bien par les ramener sur le chemin de l'état de droit, du doux commerce et de la paix perpétuelle.

Avouons-le : le nouvel ordre mondial ne réussit peut-être pas aux Rwandais mais il garantit notre sécurité. Défendus par l'armée américaine, nous ne craignons rien, ni personne. L'Occident ne manque pas d'ennemis mais il chercherait en vain des adversaires à sa taille. Depuis la fin du péril soviétique, une grande guerre est *de facto* interdite. Pendant longtemps encore, nous ferons face à des menaces réputées « diffuses », « multiformes », voire « internes ». Mais « sauvageons », « fanatiques », « mafieux », « terroristes » ne représentent pas une menace vitale, totale et implacable. Pourquoi ? Parce qu'à long terme, chers amis, ils seront tous consommateurs ! Reste à ravaler une pointe de mauvaise conscience : comme pour les trithérapies, les remèdes contre la guerre restent l'apanage des forts et des puissants.

Mais patience, avec le temps, les autres y viendront. Mars a encore un bel avenir : fanatiques, faméliques, Folamour aux petits pieds prendront les armes. Seulement pour s'entre-massacrer. Il faut bien que jeunesse se passe… Si la mauvaise conscience médiatique devient intenable, nous enverrons une force d'action rapide. Après-demain, grâce à une maîtrise technologique totale, de telles opérations seront menées tambour battant et tocsin en sourdine. L'illusion de l'Occident consiste donc à croire qu'à l'avenir, plus aucun État, plus aucune force politique ne lui fera la guerre avec quelque chance de succès.

La paix des cimetières

Voici, à peine caricaturé, le conte de fées stratégique que l'Occident se raconte pour s'endormir au soir d'un siècle chargé d'horreurs. Jamais, peut-être, la formule de Bernanos n'aura été aussi terrifiante de vérité : « Les optimistes sont des gens qui n'ont pas pitié des hommes. » Rien ne se perd, rien ne se crée mais tout s'oublie. Heureusement pour nos Pangloss qui peuvent ainsi se reposer sur de vieilles lunes. Le songe d'une aube débarrassée de la guerre est ainsi bercé d'une série d'illusions.

L'illusion économique est peut-être la plus pernicieuse. Hier, le capitalisme était réputé porter la guerre, comme la nuée, l'orage. Aujourd'hui, le libéralisme annonce la paix, comme l'hirondelle, le printemps. Hier, minijupes, demain, robes longues. La théorie dernier cri est d'autant plus séduisante qu'elle fait d'une pierre deux coups. À court terme, on ne pourra plus perdre de guerres. À long terme, les échanges les auront privé de raisons d'être.

Les plus riches resteront les plus forts. En s'enrichissant, les autres deviendront pacifiques. Au milieu du XIXe siècle, Auguste Comte[6] expliquait déjà pourquoi l'âge industriel ne serait pas celui des conquêtes. Son pensum n'était pas sorti des presses que la France et la Grande-Bretagne s'étaient partagées les deux tiers des terres émergées. Un peu plus tard, un Anglais peaufine la démonstration. À Londres, banquiers, industriels et commerçants dépendent à ce point de leurs homologues de Berlin – explique Norman Angell[7] en 1912 – qu'une guerre entre la Grande-Bretagne et l'Allemagne ruinerait les deux nations. Six ans plus tard, l'Europe était en ruine. Au nom de la science économique, on ignore les sanglants démentis de l'Histoire. L'ennui, c'est qu'un tel *begnin neglect* s'appuie sur des modèles économiques vermoulus. Car pour les courants de la pensée économique datant de moins d'un siècle, le libre échange n'enrichit pas tous ceux qui le pratiquent. Quant aux « désarmants » ressorts de la création de richesses, une théorie comme celle de la croissance endogène montre que le progrès technique ne tombe plus du ciel. Par ailleurs, la mondialisation génère une compétition qui n'a rien à voir avec la concurrence des libéraux en monocle. La globalisation accouche d'inégalités entre firmes, entre travailleurs et entre États. Et si l'on reste à l'intérieur de schémas poussiéreux, la guerre de conquête se conçoit parfaitement ayant pour enjeu le contrôle de « rentes » telles que les matières premières ou les points de passage stratégiques. Raymond Aron[8], qui était libéral mais pas menteur, l'admettait fort bien. Il reste que la mondialisation produit effectivement une interdépendance croissante entre les peuples : est-on certain qu'elle stabilise la planète ? En cas de crise, on peut parier l'inverse. Idées et produits circulent bel et bien sans entrave. Beaucoup de technologies sont accessibles à tous, donc à des ennemis potentiels. On s'inquiète, à juste titre, de la prolifération nucléaire. On feint d'ignorer que les technologies sont duales : un microscope électronique peut servir à déceler mais aussi à fabriquer des virus. La grosse ruse du boutiquier consistant à vendre à ses ennemis de quoi le dévaliser ne risque guère de désarmer le XXIe siècle.

L'illusion technologique n'est pas moins flagrante. Car les armes non létales que l'on nous promet n'existent pas davantage que les boucliers de la guerre des étoiles brandis par Reagan en 1983. Or, le bluff est une arme à double tranchant. Quand bien même les armes inoffensives seraient un jour au point, l'intelligence humaine n'en restera pas là. L'existence d'armes inoffensives ne garantit pas que ceux d'en face les utiliseront. Ils pourraient fort bien choisir de nous occire. Un consensus sur la non-morbidité des moyens de coercition n'existera jamais qu'entre des États ayant renoncé à la guerre.

Si nous devions nous habituer à ne plus donner la mort à des ennemis capables de nous tuer, à terme, c'est nous qui serions vaincus sans combattre. Croire que les armes de destruction massive ne seront jamais utilisées relève de la même capacité occidentale à prendre ses désirs pour des réalités. Paris vaut bien une messe. Rien ne vaut un requiem atomique. Hélas ! À la fin du duel américano-soviétique, la dissuasion avait déjà dépassé ce stade du tout ou rien. La guerre froide semble si loin que l'on a déjà oublié quelques-uns de ses enseignements. Techniquement, la miniaturisation des charges, la neutralisation par premières frappes, demain la défense antimissile, réhabilitent l'utilisation de la bombe. Ne peut-on d'ailleurs envisager une dissuasion active plutôt que passive ? Un Saddam tire le premier. Il ignore si nous riposterons mais nous sommes certains qu'il le fera. Si Pearl Harbor avait été nucléaire, la reconquête américaine du Pacifique n'aurait jamais eu lieu. La charge de la dissuasion est ainsi renversée. Empêcher un adversaire d'acquérir de telles armes constitue d'ailleurs une raison valable pour déclencher en premier les hostilités. De même, un État acculé à la destruction peut choisir de ne pas mourir seul. Tout au plus, peut-on considérer que les armes de destruction massive invitent l'agresseur à raisonner. Mais que faire si l'ennemi est fou ? Si Hitler n'avait pas existé, on aurait pu hasarder un tel pari mais si Hitler n'avait pas existé, la bombe n'aurait pas été inventée. Si l'instinct de survie suffisait à empêcher la guerre, les hommes ne se seraient jamais battus.

Pendant longtemps, cette capacité de sacrifice fut considérée comme la seule marque distinctive de l'espèce humaine. Le fait que l'Occident croie avoir dépassé ce stade constitue une troisième illusion, morale celle-là. La guerre ne dégoûte que lui. Partout ailleurs, là où les loisirs ne remplissent pas le vide existentiel, le fanatisme se répand. Partout où les conditions de vie régressent ou stagnent, les hommes trouvent des raisons d'accepter la mort. Partout où on ne gagne pas bien sa vie, on accepte plus facilement de la perdre. Sans verser dans un cynisme sans borne, croit-on que certains États surpeuplés regardent les pertes humaines comme inacceptables ? Plus inconvenant encore, ce constat : que deviendrait notre compassion, si notre propre survie était menacée ? La guerre du Golfe fournit un début de réponse. Pour épargner quelques-unes de nos précieuses existences, nous sommes prêts à écraser sous un déluge de feu des centaines de milliers d'adversaires. Le bourgeois devient barbare.

Ainsi, pour écarter tout risque guerrier, il faut ignorer que certains États accèdent rapidement à une puissance telle qu'ils seront demain en mesure de nous battre. Il faut parier que la mondialisation sera heureuse. Il faut occulter le fait que certaines technologies militaires, parmi les plus terrifiantes, n'exigent qu'un faible degré de développement. Quelques signaux auraient pu réveiller la belle endormie, « l'opinion internationale » n'a pas même cillé.

En 1993, un parti prônant la vitrification nucléaire du Caucase rafle 27 % des suffrages dans une Russie où l'espérance de vie est tombée au niveau du Sahel. En 1999, après le bombardement de l'ambassade de Chine à Belgrade, une manifestation anti-américaine à Pékin réunit des centaines de milliers de citoyens pressés d'en découdre. En 1999, les militaires pakistanais décident d'une incursion au Cachemire indien. Trois États dotés de l'arme nucléaire font entendre des bruits de bottes mais personne ne veut rien savoir. Rassurons-nous : les menaces resteront « diffuses ».

En 1924, Paul Valéry[9] écrivait : « Le Hamlet européen regarde des millions de spectres. » Des millions de *scappins* regardent aujourd'hui ce trisaïeul avec un mélange de commisération et d'étonnement. Devenue globale, virtuelle et pacifiste, notre civilisation se croit peut-être immortelle. On rêve d'abolir la politique, de gommer les rapports de forces, d'aplanir les différends. Quoi de plus normal ? Nous n'avons plus de griefs ! L'époque s'est donnée des règles que nous n'avons sans doute pas tort de croire « objectives » : droits de l'homme, état de droit, sécurité collective, libre échange, etc. Par contre, imaginer qu'elles s'imposent à tous comme des vérités révélées revient à prendre des vessies pour des lanternes. Nous ne prenons pas assez garde au fait que ces normes sont les nôtres, celles de l'Occident. Qu'elles résultent d'une subjectivité et d'un apprentissage historique qui nous sont propres. Pour beaucoup de peuples, elles n'ont rien de librement consenti, elles n'apparaissent nullement comme des preuves de sagesse. Pour les peuples de l'Islam, pour ceux de l'Asie, de l'Afrique, du Caucase, de la Russie, c'est-à-dire pour deux terriens sur trois, ces règles ressemblent à des contraintes. Si la démocratie était vécue comme un corps étranger par beaucoup de citoyens « malgré-eux » de la République de Weimar, il faut une sacrée dose de naïveté pour croire que l'état de droit sera spontanément adopté par des Chinois humiliés par un siècle de morgue occidentale. Mesure-t-on assez le chemin parcouru pour atteindre aux rivages de la félicité démocratique ? L'Allemagne ne devint libérale qu'au prix de centaines de milliers de tonnes de bombes incendiaires. Derrière le doucereux patriotisme constitutionnel, combien de stades de Nuremberg aura-t-il fallu dynamiter ? Sous les pavés de Karlsruhe, le sable de Normandy Beach. Pour sortir les Nippons de leurs rêveries impériales, il a fallu Hiroshima et Nagasaki. Pour passer de la sphère de coprospérité à la prospérité sous parapluie américain, combien d'Okinawa ? Même pour des nations mieux nées, combien de courses folles à travers l'Europe avant de conclure aux bénéfices de la concorde ? Seul l'insupportable tocsin de Verdun nous a rendu sourds aux appels d'un nationalisme bêta.

Interrogé sur le point de savoir si l'Histoire était ou non rationnelle, Raymond Aron concluait sagement : « pas davantage que les hommes qui la font ». Les peuples ressemblent aux individus qui les composent : ils ne sont ni plus raisonnables, ni moins fous, ni plus aveugles, ni moins sages. Les nations comme les individus font en tout cas leur expérience seuls. La guerre nous a guéris de la guerre. Nous avons soigné le mal par le mal. Prions pour que l'Inde ne se montre pas aussi « rationnelle » que le Japon des années trente. Croisons les doigts pour que la Chine ne « s'occidentalise » pas aussi lentement que l'Allemagne. Il se peut qu'à l'avenir les grands drames du XXe siècle nous soient épargnés. Il ne s'agit que d'une supposition, d'une hypothèse, au mieux d'un espoir. Ce livre n'a qu'un but : convaincre qu'une guerre mondiale reste, non pas certaine, ni même probable, mais simplement possible. C'est notre seule chance d'y survivre.

I

Poker à Pyongyang

« N'ayons peur de rien d'autre que de la peur elle-même. »

J.F. Kennedy

Les guenilles de Kim Jong Il

Si la Corée du Nord n'existait pas, la propagande sud-coréenne l'aurait sûrement inventée. Car toutes les prophéties de Marx s'y sont miraculeusement réalisées… à l'envers. L'abondance promise : la famine. La disparition de l'État : son extension cancéreuse. Les dirigeants héroïques : des psychopathes cupides. Lénine avait un jour résumé son régime par le slogan : « Les Soviets plus l'électricité ». Pyongyang a compris : « La famine plus l'arme atomique ». Le risque nord-coréen est donc celui que fait courir un « facteur humain », parfois incontrôlable, toujours imprévisible.

Elvis et Mao ont eu un fils

Longtemps, la Corée du Nord n'a parlé que d'une seule voix : celle du maréchal Kim Sung II. Le 9 juillet 1994, celui que ses compatriotes appelaient le « Cher dirigeant » s'est éteint à l'âge de quatre-vingt-deux ans. Avant de disparaître, il réussit ce qu'aucun dinosaure communiste n'avait osé avant lui : rendre sa dictature héréditaire. Kim Senior est mort, vive Kim Junior ! Depuis la mort de son père, le rejeton préside seul aux destinées des 24 millions de Nord-Coréens. Le moins que l'on puisse dire, c'est qu'il n'a pas démérité. Du nouveau tyran, on sait très peu de chose. Car en République populaire de Corée, on ne réécrit pas l'Histoire, on l'invente.

Officiellement donc, Kim Jong II serait né en 1941 sur le sol de la mère-patrie. En fait, il voit le jour en Union soviétique. Son enfance n'est que luxe, calme et volupté : son frère aîné se noie, sa mère meurt de chagrin et son père est un bolchevique tendance tueur en série. Des handicaps de départ qui ne freineront pas un développement intellectuel fulgurant. À six ans, il démasque un agent de la CIA. À dix ans, il expose sa propre vision du matérialisme dialectique. Le jeune prodige achève sa scolarité mirobolante dans l'armée de l'air est-allemande. Entre deux loopings, Kim fils a peut-être inventé l'avion à réaction mais, pudeur prolétarienne oblige, la biographie officielle n'en dit mot. En dehors de cette intox, Junior reste une énigme. « Gloire à l'héroïque armée du peuple ! » sont les seuls mots que cet orateur minimaliste ait jamais prononcés en public. En 1996, le « *Paris Match* sud-coréen » diffuse une cassette piratée du dictateur. La voix est stridente, entrecoupée de petits rires nerveux. Parfois, le ton monte et se fait menaçant. À la fin de l'enregistrement, on remercie le bon Dieu de ne pas être né nord-coréen. Conclusion des psychiatres : névrose probable, psychose possible. Si Kim fils a cru bon de couper le son, il ne se prive pas de diffuser son image. Mao à côté donnait dans le style introverti.

On ne fait pas un pas de l'autre côté de la frontière sans tomber sur l'icône : Kim Jong Il, de face, de profil, debout, assis, en marbre et en carton. Souriant et sanglé dans un bel uniforme, il aurait presque l'air rassurant. Pattes d'eph et talonnettes, le quinquagénaire rondouillard ne néglige pas son look. Il prend aussi grand soin de sa chevelure, toujours impeccablement permanentée. Kim Jong Il entrera donc dans l'Histoire aux côtés de Margaret Thatcher : sur des talons et avec des bigoudis. Si la dégaine du dictateur peut faire sourire, ses lubies inquiètent. Hypocondriaque, il ne reçoit le corps diplomatique que s'il est ganté et muni d'un certificat médical. Ce malade qui n'a rien d'imaginaire fait analyser la moindre de ses sécrétions par un « Institut de la longue vie », réservé à son usage personnel. Ses divertissements ne sont pas non plus des plus sains. Kim ne se déplace jamais sans son escouade « d'hôtesses ». Fraîches fleurs cueillies aux quatre coins du pays, ces jeunes filles sont arrachées à leur famille pour devenir ses esclaves sexuelles. La langue de bois locale goûtant peu le style SAS, ces brigades de plaisir sont appelées « groupes culturels ». Malheureusement pour ses voisins, Kim Junior a parfois des jeux plus morbides. Promu chef du contre-espionnage par Papa, il ordonne la destruction d'un Boeing des Korean Airlines. La plaisanterie coûte la vie à cent quinze passagers. Prenant au pied de la lettre l'expression « faire sauter un gouvernement », il fait plastiquer la salle dans laquelle le cabinet sud-coréen tenait une conférence de presse.

Stalinistic Park

Arrivé aux manettes, le fils transforme le pays en parc à thème : Communistic Parc, à l'ère glaciaire. Dans un accès de réalisme, l'office du tourisme nord-coréen pourrait adopter le slogan suivant : « Bienvenue dans le royaume de Kim Jong II ! Bienvenue dans un monde d'horreur ». La population est minutieusement quadrillée. Les familles sont regroupées en hameaux. L'une de celles-ci surveille les autres. Dans la famille Corbeau, je voudrais le père... Les déplacements en dehors d'un minuscule périmètre sont interdits. L'usage de la bicyclette est fortement découragé. Face à la pénurie d'essence, les vélos sont de nouveau tolérés depuis 1996. Les dirigeants de la République populaire de Corée ont aboli les classes sociales, trop poreuses. Ils ont réinventé les castes. Le peuple est ainsi divisé en « loyaux » (chouchous du régime), « hésitants » (à surveiller) et « impurs » (irrécupérables).

Les parias du régime vivent sous bonne garde dans des sanatoriums. Une Chinoise ayant visité l'un de ces camps décrit des « zoos pour humains ». Relégués aux champs, 21 millions d'« hésitants » ne sont normalement pas inquiétés. Mais leur seul droit consiste à survivre. Quant aux nantis, leurs privilèges dépassent de beaucoup ceux que connaissaient les nomenklaturistes soviétiques. Ils sont les seuls autorisés à habiter en ville et à conduire.

La plupart ne travaillent pas, leur seul devoir étant de jouer au Nord-Coréen modèle. Dès qu'un « invité » pose un pied dans ce paradis communiste, un étrange ballet commence. Tout un décor en carton pâte se met en place. À la manière des reconstitutions historiques, la population « participe » au spectacle. Au Puy-du-Fou, Vendée, on joue les Chouans. À Pyongyang, chez les fous, on joue au pays normal. Les rares visiteurs rapportent de curieux souvenirs. Pyongyang, Samaritaine locale. Les clients entrent comme des robots. L'un d'eux s'approche d'un comptoir : « Je veux une chemise rouge », débite le chaland d'une voix monocorde. La vendeuse tend l'article. Le client règle et repart aussitôt, marchandise sous le bras. Quelques instants plus tard, un diplomate suédois, témoin de la scène, aperçoit le figurant qui ressort du magasin sans la chemise qu'il venait de rendre. Peuplé d'acteurs, le grand magasin était destiné à mystifier les « touristes ». Installé dans un hôtel de la capitale, un Américain découvrira, hélas trop tard, que la lunette des WC venait d'être fraîchement repeinte ! Trop d'honneur. Mais les quelques échappées dans la campagne laissent des souvenirs moins cocasses. Là-bas, le seul moyen de fuir la propagande, c'est de dormir. Kim Junior a en effet trouvé la parade suprême contre le zapping : le même programme sur toutes les chaînes. Quant à la radio, parfois intégrée au circuit électrique, elle permet aux ménagères de laver la vaisselle en écoutant un perroquet débiter : « Le socialisme est une science, vive le Cher dirigeant ! » « Le socialisme est une science, vive le Cher dirigeant ! » Encore plus fou : 90 % des ouvrages de la grande bibliothèque de Pyongyang n'ont que deux auteurs : les Kim, père et fils. On entasse les volumes. On vérifie. On demande confirmation au traducteur. Mais oui, c'est bien ça ! Alors on se frotte les yeux pour savoir si l'on n'est pas en plein cauchemar. D'une certaine façon si, celui que vivent quotidiennement 24 millions de Nord-Coréens.

Poker tueur

À partir de 1995, cette propagande grotesque devient pathétique. Chanté depuis un demi-siècle comme un Éden prolétarien, la Corée du Nord sombre à cette date dans la famine. Les Nord-Coréens se croyaient embarqués vers un avenir radieux, ils se réveillent sur le radeau de la Méduse.

Depuis août 1995, une série de catastrophes naturelles précipite la déroute économique du pays. La ration quotidienne des habitants tombe à moins de mille calories. Les dirigeants ne cherchent même plus à cacher l'ampleur des dégâts. Alors que la malnutrition est devenue le lot commun, les régions les plus septentrionales traversent une terrible famine. Dans les villes, les pelouses ont été rasées par des citadins affamés. À la télévision, la Maïté locale apprend à cuisiner les racines. Mais il en faudrait apparemment plus pour ramollir la fibre révolutionnaire de Kim. Dans ce pays exsangue, le 1er Mai donne lieu toujours à une mise en scène qui ferait passer l'ouverture des JO pour une kermesse de village. Alors que l'électricité est sévèrement rationnée, les constructions pharaoniques à la gloire du Père illuminent encore les nuits de la capitale. Jamais le mensonge politique n'avait été organisé à une telle échelle. Mais à mesure que la réalité rattrape la fiction officielle, les dirigeants commencent à paniquer. Le dictateur aurait visionné la cassette du procès Ceaucescu. Un jugement qui dure le temps d'un clip. Le seul moyen d'éviter une aussi regrettable sortie serait de remplir le ventre du peuple avant qu'il ne se soulève. Mais le dilemme est cruel : soit le pays reste fermé et c'est l'émeute. Soit, la RPCN s'ouvre et c'est la révolution. Dans les deux cas, Kim passera un mauvais quart d'heure. Le régime croit pourtant tenir la solution : le chantage nucléaire. L'idée est la suivante : effrayer les Américains pour qu'ils fournissent denrées alimentaires et énergétiques. La mise en œuvre du plan débute en mars 1993, lorsque Pyongyang refuse une inspection de l'Agence internationale de l'Énergie atomique. Le Conseil de sécurité adopte alors des sanctions que Kim père dénoncera aussitôt comme un *casus belli*. En avril 1994, la tactique paraît fonctionner. Les États-Unis et la Corée du Nord signent un accord qui permet au régime d'obtenir un sursis. Il sera de courte durée. En août 1995, débutent de catastrophiques inondations qui se reproduiront l'année suivante. En 1997, les dieux s'acharnent. Cette fois, c'est une sécheresse historique qui évapore tout espoir de récolte. Acculé, le dictateur demande de l'aide. Mais, plus la pression étrangère s'intensifie et plus il peut être tenté par une stratégie de fuite en avant.

Les analystes des chancelleries du monde entier se partagent entre partisans de la thèse de l'atterrissage d'urgence et ceux du crash. Ils sont désormais de plus en plus nombreux à privilégier le scénario catastrophe. Au mois d'août 1998, Kim Jong Il n'hésite d'ailleurs pas à provoquer ses voisins en tirant un missile Taep'o-

Dong 1. Avant d'aller s'abîmer dans l'océan, le vecteur survolera le Japon ! Le régime prévoit de déployer une version améliorée de cette arme en 2004, le Taep'o-Dong 2, qui pourrait frapper l'Alaska et Hawaï.

En juin 1999, Kim ordonne à plusieurs bâtiments de guerre de pénétrer dans les eaux territoriales de la Corée du Sud. Il s'ensuit une canonade qui fait plusieurs morts. Pyongyang riposte et annonce la reprise de ses essais balistiques. Comme le souligne Pascal Boniface[1], « ces provocations permanentes obéissent à une logique [...] de chantage ». Mais le dictateur aux abois pourrait aussi lancer son peuple dans une offensive suicide vers le Sud. Si les États-Unis refusent d'adhérer au traité interdisant les mines, c'est qu'ils redoutent de dégarnir la zone démilitarisée séparant le Nord du Sud. Pour Young Taïe-Yeung, spécialiste sud-coréen des questions stratégiques à Séoul, « la RPCN, ce n'est pas un pays, c'est une caserne ». Avec 1,2 million de robots lobotomisés en treillis rangers, 6 millions de paramilitaires, une centaine de missiles à moyenne portée et plus de 1 000 tonnes de munitions chimiques, la région a de quoi blêmir. D'ailleurs, on aurait tort d'oublier que le seul conflit chaud au cœur de la guerre froide fut celui déclenché par Kim Senior. Le fils qui a jusqu'ici marché sur les traces du père ira-t-il jusqu'à déclencher le grand feu d'artifice ? Nul ne peut l'exclure.

*

*   *

Site de Yongbyang, banlieue de Pyongyang, le 28 février*

Sanglé dans un uniforme vert olive, tête nue, sur un fond d'aurore boréale, Kim posait, paumes vers le ciel. Si Staline et Elvis avaient eu un fils, ce serait « lui », songea Jérôme en apercevant le portrait monumental. Depuis qu'il avait posé le pied en République populaire de Corée, il n'avait vu que « lui ». « Lui », c'est-à-dire Kim Jong Il, fils de Kim Sung Il, héritier de la première dynastie communiste et maître incontesté de la Corée du Nord. Les premières fois, Jérôme trouvait ce culte de la personnalité très exotique. Cette fois, c'était l'overdose. Sous l'affiche, une piscine était éclairée par de puissants projecteurs. La réverbération de l'eau dansait sur le plafond de l'enceinte de confinement. Au bord de la fosse, un panneau à tête de mort rappelait l'intense radioactivité de son contenu. La piscine était un bassin de refroidissement pour résidu nucléaire. À deux mètres de la surface, quatre plate-formes grillagées étaient immergées. Chacune contenait plusieurs caissons en inox, de la taille d'une boîte à chaussures. À l'intérieur, des crayons d'uranium enrichi. Penché au-dessus de l'eau turquoise, Jérôme s'acquitta de la tâche qui l'avait amené, lui et ses confrères de l'AIEA[2], au cœur du dernier « paradis » prolétarien. Derrière son masque de protection, le Français compta et recompta les boîtes. Impossible, se dit-il. Par sécurité, il recompta. Jérôme chercha alors sa collègue du regard. Adeline écarquilla ses prunelles de faïence et dessina

* Relecture : Jean-Marie Buissou, chargé de recherches au Centre d'études des relations internationales (CERI).

un accent circonflexe avec le fin duvet roux de ses sourcils : l'Australienne était sur la même longueur d'onde... les Coréens s'étaient bien moqués d'eux ! L'ingénieur du CEA[3] sentit une légère pression sur son épaule. En se retournant, il vit, à travers le plexiglas, le visage crispé du général Norland. Des perles de sueur dévalaient le long des tempes du retraité de l'US Air Force. Jérôme put lire sur ses lèvres : « *It is enough !* », cela suffit. Quatre Coréens les encadraient, eux aussi étaient engoncés dans leur combinaison. Devinant l'agacement des Occidentaux, le responsable du site se mit à lever et à baisser les bras comme une mouette mazoutée prenant son envol. Comme tous les sujets de ce « royaume de l'absurde », Kimura affichait un rictus réglementaire. L'ingénieur en chef avait beau sourire, Greg Norland en avait assez vu, « *Back !* » cria-t-il sous sa combinaison en tournant son pouce vers le sas de décontamination. Après s'être douchés et avoir franchi les contrôles Geigers, les membres de l'Agence avaient repassé leurs vêtements civils. Lavés et décontaminés, les experts ne décoléraient pas.

« Vous vous moquez de nous ! Il y a à peine une centaine de crayons dans le bassin, où sont les autres ? » tonna le Français. En entendant ce monsieur d'ordinaire si courtois, Hanae, la traductrice, petite poupée coréenne d'une vingtaine d'années, sursauta.

« Que dit-il ? » interrogea, anxieux, le chef de la centrale.

« Ils disent qu'ils sont très fatigués par le voyage ! »

« Espèce de petite pute, tu veux que tes parents deviennent des indécis[4] au prochain bilan de vie[5] ? Non, alors contente-toi de traduire ! » grinça Kimura.

« Pardon, pardon, ils sont très fâchés ! » bredouilla la jeune femme.

L'ingénieur coréen souriant : « Mais c'est normal, les crayons ne sont pas tous là. Ils ont été expédiés par container[6] vers Séoul ! »

« Vous vous figurez que nos gars ne les ont pas comptés ! » répondit sèchement l'Américain dès qu'il saisit le sens de cette explication.

Le Coréen attendit la fin de la traduction pour reprendre posément : « Général, l'Agence doit être patiente, nous avons des problèmes d'énergie. Les containers ne sont pas tous arrivés à cause des coupures de courant ! » Au fur et à mesure qu'Hanae rapportait les propos du directeur, Adeline Ross faisait pivoter sa tête de plus en plus rapidement, accentuant sa moue désapprobatrice. Se montrant tout aussi directive sur le fond, l'Australienne répondit d'une voix plus douce : « Monsieur Kimura, vous et moi sommes des scientifiques, n'est-ce pas ? Nous avons pour habitude de nous baser sur des faits : huit mille crayons d'uranium moins deux mille sept cents reçus dans les containers, moins une centaine dans la piscine… cela nous fait plus de cinq mille crayons volatilisés ! »

« Alors ? » dit le Coréen nerveux à sa jeune compatriote.

La traductrice battait des cils en essayant de se concentrer : « La femme demande où sont les bâtons… »

Kimura, grimaçant, s'inclina vers ses hôtes : « Vous savez, après les inondations de mars, la Corée a eu besoin de beaucoup d'énergie ! Et puis nous avons maintenant des usines capitalistes dans le Nord, grâce à vous, merci ! merci ! »

Jérôme Mentre, l'ingénieur du CEA, était de plus en plus tendu. Il sentait en lui comme un immense ressort sur le point de céder : « Ne perdez pas votre temps à nous expliquer qu'un pays comme le vôtre a besoin d'électricité nucléaire ! Les barrages sur le Halu et le Tuman suffisent à alimenter 24 millions de personnes ! Et puis pourquoi construire des centrales graphites lorsque l'on dispose de tels gisements d'uranium ? C'est comme si les Esquimaux congelaient de l'eau pour faire des glaçons ! »

Quelques secondes plus tard, retrouvant l'assurance d'un membre du Comité central s'adressant à une cellule locale, Kimura articula une réponse : « Depuis que le Congrès a voté la fin des livraisons de fuel, nos problèmes d'énergie se sont aggravés. D'ailleurs, vous n'avez jamais honoré l'article 2 de l'accord de 94[7] ! »

Agacé, l'Américain conclut l'entretien : « Écoutez-moi bien, nous allons établir un rapport qui sera présenté au KEDO[8] et devant le Conseil de sécurité. Je ne sais pas ce qu'ils décideront. Mais je peux vous garantir une chose et vous pouvez le répéter aux maboules qui vous dirigent, en tant que chef de mission, je vais recommander l'application immédiate des sanctions ! Vous comprenez ce que cela signifie : que les livraisons alimentaires seront interrompues ! Plus de nourriture ! *Nada !* Et lorsque vous en aurez assez que vos estomacs gargouillent à cause de ce cinglé, dit-il, pointant un index accusateur sur la chromo du dictateur, on pourra discuter, pas avant ! »

Voyant l'Américain profaner l'icône, la traductrice gonfla ses joues d'air, comme l'airbag d'une auto. C'est ainsi que les jeunes filles bien élevées rougissent au pays du matin calme. Le long nez osait menacer le « Cher dirigeant » ! L'esprit de son père, le « grand dirigeant[9] », ne laissera sûrement pas un tel affront impuni !

Base souterraine secrète de Hyesan, frontière chinoise, la veille

« Cher dirigeant, nous sommes à quatre cents mètres sous terre ! » Le général s'inclinait respectueusement devant le chef des armées. Kim Jong Il, quinquagénaire rondouillard, boudiné dans son costume de Tergal, demeurait impassible. Le grand homme monté sur talonnettes finit par hocher la tête d'un air approbateur.

« Même leurs *minutemen*[10] ne perceraient pas la roche. Rien ne peut atteindre l'orgueil des travailleurs de Corée ! » appuya l'officier responsable du PC stratégique enfoui dans la montagne.

« À présent si vous voulez bien regarder ! » s'excusa l'homme en uniforme. Le tyran et sa petite suite levèrent les yeux vers le sommet du gouffre. Le général tenait dans sa main un rectangle de plastique relié à un câble électrique. Il pressa un bouton et des gyrophares orange se mirent aussitôt à tournoyer, illuminant la caverne. Le hurlement des sirènes couvrait à peine le formidable grondement produit par l'ouverture automatique du plafond.

Des parois de béton s'écartaient, découvrant un coin d'azur. Quelques rayons de soleil encerclèrent le petit groupe.

« Excellent, Général, excellent ! » Le tyran, de ses petits doigts obèses, tapotait la rambarde de fer soudée dans le granit. Quinze mètres plus bas, neuf missiles[11] pointaient leur coiffe vermeille hors des silos.

« Regardez. Cher dirigeant, c'est le dernier à être chargé ! » pointa l'officier. Le corps du projectile en acier inox était impeccablement poli. Autour, des ouvriers en casque et combinaison blanche s'affairaient.

« On a gagné beaucoup de poids ! Entre le tir et le moment où le moteur est coupé, le missile accélère. La poussée dépasse 10 g, nous avons dû rendre la structure plus résistante ! » annona le tour opérator galonné.

« Vous me prenez pour un imbécile ! » grogna Kim, soudain sorti de sa rêverie belliqueuse. Derrière les épais carreaux de ses lunettes, ses petits yeux acérés scrutaient son interlocuteur avec la bonne conscience sadique d'un biologiste découvrant son cobaye.

« J'ai été pilote de chasse en RDA, je sais que la masse de la charge utile est accrue par l'accélération. C'est ce que vous avez négligé lors du dernier tir puisque le missile s'est abîmé dans la mer de l'Est ! » vociféra Kim.

« Cher dirigeant, cela ne se reproduira plus, je vous jure que nous sommes prêts », implora le soldat.

« Vous êtes surtout irremplaçable… Je n'ai d'ailleurs jamais remplacé votre prédécesseur ! » Au souvenir du sort réservé à son camarade de promotion, le responsable des fusées Taepong II sentit sa gorge s'assécher.

« Notre code pénal comporte quarante-six crimes punissables de mort. L'un d'eux est le sabotage des armes du peuple. Si ces missiles devaient ne pas toucher au but, nous serions face à un tel acte ! » reprit l'étoile polaire du socialisme coréen de sa voix haut perchée.

À cet instant, le dernier silo s'ouvrit et le véhicule de rentrée fut tracté de son wagon vers la plate-forme puis délicatement déposé au fond du réceptacle. Sous le corps des fusées, le collier d'arrimage ou « bus » contenant la charge d'une mégatonne. Le dernier engin était en place. La Corée du Nord était enfin prête à tout.

Langley, Virginie, siège de la CIA, le 2 mars

« Madame, votre mari était-il malade ? Prenait-il des médicaments ? » Kirck détacha chaque syllabe afin de s'assurer que la dame assise en face de lui comprendrait parfaitement sa question. Une interprète était venue de Monterrey[12], au cas où. Mais l'ex-Madame Kim Jong Il[13] comprenait l'anglais.

« Kim souffre de diabète et d'hypertension mais surtout, il est soigné pour une cirrhose ! L'Institut de longue vie[14] l'examine chaque semaine. Mais les médecins n'osent pas lui dire d'arrêter de boire. Le docteur Chiang, venu de Pékin, est le seul à lui avoir fait comprendre ce qu'il risquait en continuant à téter la bouteille. Kim a voulu le faire fusiller ! Vous vous rendez compte, fusiller un Chinois ! Heureusement Kim Yong Nam[15] a dû le convaincre que nous courions à l'incident diplomatique ! Mais Kim ne supporte pas l'idée d'être contredit ! »

« Pourriez-vous nous dire pourquoi il réagit comme cela ? » demanda Mary-Ann, la psychiatre en chef de la ferme[16]. Le docteur Dobler était pourtant rompu aux séances de débrieffing mais elle n'avait jamais éprouvé une telle excitation. Séoul avait enfin autorisé la venue de Madame Jong aux États-Unis. Et ce petit bout de femme était la source la plus fiable sur le lunatique de Pyongyang. Cette fois, les Américains la tenaient, ils ne perdraient pas une miette de son témoignage.

« Oh vous savez… Depuis son enfance, ils le traitent comme un dieu alors, faut pas s'étonner que cela lui monte au cerveau ! Un jour, un gradé m'a raconté qu'à seize ans, ils l'avaient présenté au Comité central. Et là, un des pontes a lu un traité qu'il avait soi disant écrit ! Un livre sur le matérialisme dialectique ou un truc dans ce genre, à seize ans, vous imaginez ! »

La psy griffonnait des notes tandis que Kirck poursuivait d'un ton rassurant : « Ok! Ok! Mais alors pourquoi est-il si méfiant ? Il devrait avoir un super ego, être très sûr de lui ? »

« Il a connu beaucoup de malheurs. Il est né pendant la guerre, il a connu les bombardements. Et puis son frère s'est noyé lorsqu'il avait six ans. Sa mère est morte pas longtemps après. Il ne voyait jamais son père. Depuis qu'il est décédé, le palais de Kumsusan est devenu un vrai mouroir, là-bas, même les fleurs sentent la mort ! »

« Dites-nous, Madame Jong, est-il exact que votre ex-époux n'a jamais été très à l'aise en public ? » embraya Mary-Ann.

« C'est vrai. Son père écoutait ses collaborateurs. Il était méchant, très méchant même mais je ne sais pas comment vous dire, les gens l'aimaient bien. Et puis, il avait une façon de vous parler qui vous mettait tout de suite d'accord avec lui, un truc magique. Vous comprenez… »

« Oui parfaitement, Madame. Vous voulez dire que son fils n'a pas ce genre d'ascendant sur les autres ? » reprit l'analyste.

« Kim, bah non, c'est pas pareil. Tout le monde a peur de lui, mais personne ne l'aime. Il se méfie de tout le monde. Même moi, il me faisait fouiller ! Moi, sa propre femme !

Son père aimait recevoir les étrangers, les épater. Junior veut avoir le moins de contacts possible avec eux. Il ne reçoit les CMD[17] que munis de certificats médicaux et gantés ! Il a une telle frousse de se faire empoisonner qu'il fait goûter tout ce qu'il avale par ses médecins ! »

Kirck cherchait à rendre sa voix plus pénétrante : « Madame, est-ce que vous croyez qu'il a empoisonné son père ? »

« Non c'est absurde ! Kim adorait son père. La seule fois où je l'ai vu pleurer, c'est en octobre 1994, lorsque les médecins lui ont appris la nouvelle. Tout cela, ce sont des histoires inventées par la presse capitaliste, enfin, je veux dire, les médias… »

« Mais il était jaloux de Kim Senior ! » ponctua l'officier traitant.

« Bien sûr, mais il ne l'acceptait pas. Il ne regarde jamais en face ses propres faiblesses. Par exemple, chaque fois qu'il devait prendre la parole devant plus de deux ou trois personnes, il se mettait à boire. Je lui disais que c'était mauvais pour lui, il me giflait ! »

« Il vous frappait souvent ? » Mary-Ann sentait son poisson solidement ferré. À présent, elle pouvait, sans crainte, tourner vigoureusement la manivelle et remonter sa prise.

« Non, car je le voyais très peu. Nous nous sommes vus au début de notre mariage et puis il m'a chassée du palais, surtout après l'arrivée de Miss Choi ! » précisa la Coréenne avec un flegme étonnant.

« Miss Choi ? » s'enquit Kirck.

« Vous ne connaissez pas l'histoire ? Vous savez, Kim est fou de cinéma. Dans les années soixante-dix, Miss Choi Eun Hee[18] était très populaire chez nous. C'était la Marylin du Sud. Kim est tombé amoureux d'elle ! Il a ordonné son kidnapping. La pauvre fille n'a été relâchée que vingt ans plus tard ! Moi, entre-temps, j'étais ridée comme une pomme ! » Pimpante et tirée à quatre épingles, la quinquagénaire restait coquette.

« Votre mari avait-il beaucoup d'aventures ? Je veux dire des maîtresses ? » Kirck vit sa collègue qui était aussi sa supérieure hiérarchique froncer des sourcils.

« Votre Clinton peut remonter sa braguette, il n'égalera jamais Kim. Partout où il va, les groupes culturels le suivent ! » Dans la plupart des pays d'Asie, le sexe n'est pas un objet tabou.

« Pardon Madame, qu'entendez-vous par "groupes culturels ?" » Mary-Ann savait la langue de bois communiste aussi pudique qu'une vieille fille mormon mais pas au point d'inventer de tels euphémismes !

L'ex-épouse expliqua d'un ton détaché : « Une dizaine de filles qui le suivent partout. Elles doivent lui donner du plaisir s'il en a besoin ! »

« Madame, votre ex-mari est-il sensible à la souffrance d'autrui ? » demanda Kirck incrédule.

« Vous rigolez ? Je crois qu'il ne comprendrait pas votre question, reprit la petite dame à chignon. Il est entouré de pions. On s'attache aux chiens, Kim ne s'attache pas aux pions. Et encore, je parle des loyaux ! Vous savez lorsqu'il a fait sauter le Boeing des Korean Air Line[19], c'était vraiment pour s'amuser. »

« Pour s'amuser ! Il peut tuer pour s'amuser ? » Kirck ne put réprimer un mouvement de protestation. Depuis son arrivée à l'Agence, le fonctionnaire avait entendu des tas d'histoires tordues, toutes dignes de figurer dans un best-seller mais un récit aussi ubuesque, jamais !

« À l'époque, son père l'a puni. Aujourd'hui, il ne le referait plus. Non, Kim ne fait plus rien au hasard. Car il est très rusé, très intelligent. Ce que je voulais dire, c'est que pour lui, les autres ne comptent pas. »

Tandis que le debrieffing se poursuivait, trois hommes observaient, dissimulés derrière un miroir sans tain : le général Gary Luck, commandant des forces armées en Corée du Sud, Hwang Jang-Yop[20], l'ex-secrétaire international du Parti des travailleurs, l'un des plus hauts postes de la Corée du Nord, et Richard Follet, chef de la section Corée à Langley.

« Qui était Kim Jong Il? » La question intéressait au premier chef la sécurité nationale des États-Unis ainsi que celle de ses alliés du Pacifique. C'était le genre d'interrogation qui appelait une réponse du style de celles expédiées par message flash[21] à la Maison-Blanche.

« Hwang, cela vous paraît crédible ? » interrogea l'officier.

« Elle dit vrai : il est névrosé mais il n'est pas fou. Kim est un être inflexible qui agit exclusivement en fonction de ses intérêts. Si cela implique qu'il faut tuer, il tuera sans hésiter. Vous vous souvenez de Kim Sun Gongi, le responsable du programme économique de Songbong[22] ? Dans les zones franches du Nord, il a abattu un boulot titanesque. Les exportations du district de Rajin Songbong ont permis de doubler la ration de blé chinois !

Dès que Kim a entendu parler d'ouvriers mécontents, il l'a fait fusiller! J'ajoute qu'il contrôle parfaitement le parti et qu'il n'est entouré que de flagorneurs ou de béni-oui-oui. Les autres sont soit évadés, soit morts. »

« Dick, votre avis ? » demanda sèchement le Chef de corps.

« Monsieur, expliqua posément l'agent spécial, il n'y a pas l'ombre d'un doute, nous avons affaire à un pervers, donc à un individu doué de raison. La vie humaine n'est effectivement pas un problème pour lui. C'est vrai qu'il craint le mécontentement populaire comme la peste. Lorsque les paysans des zones spéciales se sont plaint de l'écart des revenus, il a fait enterrer vivants une vingtaine de pauvres types qui avaient eu le malheur d'être plus efficaces que leurs voisins ! »

« Où en sont-ils de leurs réserves alimentaires? » interrogea le général.

Follet débita son topo d'une seule traite : « La famine n'a pas été enrayée. Nous n'avons aucune idée du nombre de victimes. Les réformes avaient légèrement accru le rendement à l'hectare. Notamment lorsque le parti a fait passer les équipes de paysans de vingt-cinq à huit, les courbes sont remontées.

Mais les inondations du printemps ont réduit ces efforts à néant. Les photos satellites montrent qu'environ 70 % de la récolte d'octobre est compromise. Depuis 1995, il y aurait 3 à 3,5 millions de morts. La faim n'est pas seule responsable de l'hécatombe. Les dégâts dans les systèmes de purification de l'eau, le manque de médicaments font le lit des épidémies. La Chine leur livre 500000 tonnes de céréales par an, il devrait leur manquer environ 1 million de tonnes. »

« Que disent les Humint[23] ? » Poings sur les hanches, le commandant levait le menton d'un air dubitatif.

« Monsieur, nous n'avons pas d'Humint sur place. La population est totalement quadrillée, il est impossible de monter le moindre réseau. Les déplacements sont interdits. Les vélos sont numérotés, tout déplacement doit être signalé. Les hameaux entourés de barbelés. » L'exposé très administratif tranchait avec la description d'un pays qui avait, semble-t-il, placé Goebbels à l'information, Bokassa à l'éducation nationale et Staline à la fonction publique.

« Cela signifie qu'à part vos Kodack pris du ciel, on n'a rien sur la famine ! » Le ton impatient était celui d'un chef pressé de recueillir les informations qui lui permettraient de décider dans l'heure.

L'air navré, l'espion concéda : « Pas grand-chose ! quelques témoignages de réfugiés de la province de Jagang[24], débrieffés par le Peace Corp[25] à la frontière chinoise. Leurs infos glacent le sang. Le taux de mortalité des enfants de zéro à six ans dépasserait 45 %. Un cinquième des adultes seraient déjà morts de faim. Un rescapé raconte que son frère a subi une opération du pancréas sans anesthésie ! Il n'y a plus, là-bas, ni antibiotique, ni analgésique. Monsieur, je crains que ce qui se passe au nord du 58e parallèle soit tout à fait comparable à l'Ukraine des années vingt ou à l'Éthiopie de Mengistu. »

Tunnel d'infiltration, DMZ, quelque part entre les deux Corée, le 7 mars

Cliquant sur sa montre à plasma, le lieutenant Chong des forces spéciales sud-coréennes la fit passer en mode GPS[26].

« On est au Nord maintenant, faites attention où vous posez les pieds ! » murmura-t-il aux deux sous-officiers qui l'accompagnaient.

Voilà plus de quarante minutes que le commando progressait péniblement dans l'un des innombrables tunnels d'infiltration creusés par les Nord-Coréens afin d'envahir le Sud. Le conduit était aussi humide et sombre que le ventre d'un serpent. Sans leur visière infrarouge, les hommes auraient été incapables de se repérer. Des combinaisons en kevlar les protégaient du froid mais pas de la morsure des sacs de vingt kilos qu'ils portaient sur le dos. Une charge très supportable pour ces hommes surentraînés mais, là, trébuchant à chaque pas, les paquetages brûlaient l'épaule. Les deux sous-officiers songeaient aux trente mois de service qu'ils venaient d'effectuer sur la DMZ[27]. Ils avaient passé tant d'heures à inspecter chaque centimètre de barbelé ! Ils la connaissaient par cœur ! Le sergent-chef Choe ne regrettait pas d'avoir signé. Il valait mieux sentir son ventre garrotté par la peur plutôt que de moisir sur la ligne, à recommencer indéfiniment les mêmes parties de ma-jong, à attendre les lettres des copines qui vous ont plaqué, à guetter la fin de la semaine où l'on pourra se pinter à la Kirin ! En avançant, le brigadier Chun pensait au village de son grand-père dont il avait entendu parler et qui se trouvait au Nord. Il n'aurait sûrement pas l'occasion de le voir. Quoique, si la mission réussissait... Comment était-ce au Nord ? La question taraudait aussi leur Chef de section. Il avait aperçu le pays, de loin, grâce aux jumelles. Mais contrairement à ses hommes, le lieutenant savait à quoi ressemblaient ceux d'en face. Il se souvenait des plantons de la RPCN montant la garde à Panmunjom. Il revoyait les baraquements bleus qui attendaient les négociateurs depuis 1953 et postés devant, bras raides, visages figés, saisis par la glace communiste, ceux du Nord. Il avait alors songé qu'il n'aurait aucun mal à tirer sur ces automates. À présent, Chong priait pour n'avoir pas à le faire. Cela faisait deux bonnes heures qu'ils avançaient lorsque l'étroit conduit devint un large boyau.

« Ok, la sortie est juste devant. Halte ! » ordonna le lieutenant. Les deux hommes s'appuyèrent sur les parois rocheuses.

« Les gars, le tunnel tient tout seul ! Vous risquez d'endommager le matériel ! »

Chong se surprit à réprimander ces hommes d'une voix moins rugueuse, comme si la certitude que ces soldats étaient devenus ses compagnons de destin, d'infortune peut-être, s'était insinuée. D'un coup de reins pénible, les deux hommes se redressèrent.

« Allez, on se dessappe ! Vite ! » lança Chong qui montrait l'exemple en abaissant la fermeture Éclair de sa combinaison de pilote. Sous cette tenue facile à retirer, les forces spéciales dissimulaient généralement des costumes de plongée ; cette fois, les commandos portaient les guenilles indigos des paysans nord-coréens. Les troupes de choc sud-coréennes s'étaient entraînées avec le Mossad dont elles avaient appris le principe de délégation d'autorité opérationnelle : à chaque étape de la mission, on confie le commandement à un spécialiste. Mais le confucianisme des Coréens n'allait pas jusqu'à laisser un subordonné diriger un gradé.

« Sergent, à vous de jouer ! On vous attend ici ! »

L'expert en explosifs épaula son sac et partit seul. Au fond du goulet, une plaque d'acier bouchait la sortie. Il se débarrassa de son barda avec un râle de soulagement. L'ouvrant, il vida une partie de son contenu : un ordinateur portable, un disque sombre ainsi que deux câbles USB[28]. Il connecta le périphérique à l'unité centrale qu'il ouvrit et mit sous tension. Tout en massant doucement la paroi métallique avec le disque, il suivait les informations transmises par le scanner sur l'écran. Épaisseur, densité, barycentre : les rayons perçaient les mystères de la cloison.

Au bout de quelques secondes, le calculateur afficha le dosage recommandé. Choe éteignit le portable puis rangea ses instruments. Accroupi, il prépara deux petits pains d'explosif et les relia au détonateur. Une fois les charges disposées sur la cloison, il enclencha la puce électronique. L'opération achevée, il rejoignit tranquillement ses camarades, restés une centaine de mètres plus loin.

« RAS Sergent ? » interrogea Chong.

« RAS mon lieutenant ! » répondit Choe.

Le petit groupe colla son nez contre la paroi. Le sergent appuya sur la télécommande de mise à feu. Miracle de la chimie : sans quelques projections de pierre et de métal, l'explosion aurait été silencieuse.

« En avant, chuchota l'officier, allons saluer ceux du Nord ! »

L'un après l'autre, les trois hommes se faufilèrent entre les parois écartelées par la bombe. Ils progressaient en retenant leur souffle. Au bout d'une dizaine de mètres, le tunnel remontait en pente douce. Le commando déboucha dans une clairière. Glacée, la nuit sans lune était d'encre. Les hommes devinaient la buée sortant de leur bouche plus qu'ils ne la voyaient. Autour, les masses sombres des pins frémissaient. Le lieutenant regarda sa montre : 2 heures 34. Ils avaient huit minutes d'avance. Mais la route était longue jusqu'à Kaesong, il fallait avancer. Ils s'enfoncèrent dans les taillis. Le soleil s'était levé depuis plusieurs heures sans qu'ils aient croisé âme qui vive. La traversée de la lande séparant le bois du sommet de la colline où ils étaient postés avait été la phase la plus dangereuse de leur incursion. Durant l'ascension à découvert, alors que l'aube pointait, la peur avait poussé le commando en avant. À présent, les trois hommes étaient embusqués au bord d'un rocher surplombant une route.

Visages badigeonnés au bâton de camouflage, étendus sous une bâche grise zébrée de noir et blanc, les hommes s'étaient fondus dans le paysage.

7 heures 45 : le lieutenant ordonna au brigadier de monter son arme. C'est pour ses talents de tireur d'élite que l'on avait choisi Chun. 100 % à 20 mètres : entre ses mains, un M. 16 devenait un stradivarius. Chun étala écrous, ressorts et crosse sur un film de plastique et remonta son arme en moins de trois minutes. Il sortit le trépied qu'il posa sur la terre de ses ancêtres et y vissa l'engin. Puis il s'étendit derrière le fusil. Deux heures s'écoulèrent, interminables : on eut dit que les minutes étaient devenues élastiques. 10 heures 02 : au bout de la route, trente mètres plus bas, on devinait un léger nuage de poussière. La cible ! Sans quitter ses jumelles, le lieutenant ordonna au tireur de prendre position. Le soldat cala sa pupille dans l'axe du viseur, sa joue sentait la morsure de l'acier. La route apparut, grossie cent trente fois. Choe distinguait les touffes d'herbes folles sur le bas-côté. Petits points à l'œil nu,

deux limousines noires se détachaient à présent dans la lunette. Modèle soviétique. Des paquebots, longs et mastocs, qui se rapprochaient à vive allure. L'index droit du tireur enfonça la queue de détente jusqu'à ce qu'elle n'avance plus.

« Brigadier, cible en vue ! » En entendant la question, Choe expira très lentement jusqu'à ce que l'avant du capot du premier véhicule apparaisse très exactement au centre de sa cible. Une fois ajusté, il bloqua sa respiration. Puis il marmonna entre ses dents un « Oui Monsieur ! »

« Contact ! » ordonna Chong. Le brigadier poussa la queue de détente à fond. Aussitôt un faisceau invisible relia le canon de l'arme à la cible. Il répéta l'opération sur la voiture suivante, déposant une discrète tache lumineuse sur sa portière. L'officier qui avait déployé l'antenne de son appareil de transmission appuya sur *enter*. Un quart de seconde plus tard, à bord d'un Awacs, le major Ramirez de l'US Air Force reçut le signalement exact du cortège présidentiel sur son écran. Dans son micro il répéta « COMLINK à Nimitz, Croquemitaine ciblé, je répète : Croquemitaine ciblé ! » 15000 mètres plus bas, le pacha du porte-avions debout à côté de l'officier de tir confirma d'un mouvement de tête : « Feu ! »

En entendant le sifflement sauvage, les trois Sud-Coréens s'aplatirent. Un premier Tomahawk déchira le ciel. L'explosion souleva le sol. Puis un second missile s'abattit. À chaque impact, l'éclair était si éblouissant qu'ils fermèrent instinctivement les yeux. Relevant la tête, ils virent que la chaleur dégagée par l'explosion était si intense qu'elle avait fait s'évaporer le brouillard matinal. En bas, les deux véhicules avaient été désintégrés et à mesure que les épais nuages jaunes et blancs se dispersaient, un large cratère entaillant profondément le béton de la route était visible. Autour, une traînée d'essence en feu léchait l'asphalte. La foudre venait de frapper Kim Jong Il et sa suite.

Palais de Kumsusan, Pyongyang, le lendemain

Les immenses baies vitrées du palais présidentiel étaient ouvertes sur une aube bleutée. Le secrétaire général « à vie » du parti se tenait bien droit derrière son bureau d'acajou. Immobile, le tyran écoutait le rapport de son conseil restreint.

« Cher dirigeant, la famine touche la capitale et la maternité centrale de Pyongyang nous fait savoir qu'à peine un nouveau-né sur trois survit. Quant aux stocks de Fusan, ils ont été pillés… »

Le ministre de l'Économie n'eut pas le temps d'achever son exposé. « Les impérialistes s'attaquent aux dernières ressources de la glorieuse patrie du socialisme ! Cela ne leur suffit pas d'avoir massacré mes concubines, ils veulent maintenant soulever le peuple contre moi ! Fusillez-les ! Non, enterrez-les vivants ! » Puis s'adressant au chef de sa diplomatie, Kim ajouta d'une voix stridente : « Et les chiens américains, que décident-ils ? »

Esquissant une courbette, le ministre tenta d'expliquer : « Cher dirigeant, Washington nous donne 48 heures pour éloigner nos blindés de la DMZ. »

« 48 heures ! reprend le dictateur, qu'en pensez-vous, Général Song Mi ? »

Le chef d'état-major blêmit : « Cher dirigeant, nos services ont de bonnes raisons de croire que les États-Unis connaissent l'emplacement des silos. Nous avons détecté une intense activité radioélectrique au-dessus du site. »

« Aucune espèce d'importance, Général ! Nos Taepong atteignent Tokyo et Séoul avec une précision de quel ordre ? »

« 100 %, Cher dirigeant ! »

« L'opération Foudre du peuple exterminerait combien de capitalistes ? »

Le chef d'état-major déglutit avant d'achever sa phrase : « 8 à 10 millions, Cher dirigeant ! »

Sous-sols du palais présidentiel, nuit agitée. Le Cher dirigeant s'est enfermé, seul, dans sa salle de projection. Recroquevillé comme un enfant sur un pouf damassé de soie rouge. Le visage défait, les paupières gonflées par le manque de sommeil, Junior visionne la même cassette pour la centième fois.

« Condamnation à mort demandée pour génocide, noyautage du pouvoir d'État, actes de déviationnisme, destruction de biens de nature à porter atteinte à l'économie nationale ! » Tandis que le réquisitoire est prononcé par une voix off, l'homme qu'il vise, assis à une table, tripote nerveusement une toque d'astrakan.

« Je ne reconnais pas le tribunal, je refuse de répondre ailleurs que devant la Grande Assemblée nationale, je ne signerai rien ! » La voix est rauque, l'homme visiblement à bout de forces semble animé d'une ultime révolte.

La voix off reprend : « Des gens ont été tués, pas de nourriture, pas de médicaments, tu ne veux pas répondre ? »

Tapant rageusement du poing sur la table, l'accusé martèle : « Non, je ne réponds pas ! » À côté de lui, une femme s'agite, traversée de légères convulsions. Il tapote la main de son épouse comme pour l'empêcher de répondre.

L'accusateur off : « Tu refuses de répondre, qui a recruté et dirigé les gens qui tuent le peuple ? » reprend l'invisible justicier.

En se tournant de trois quarts pour esquiver la caméra qui le filme, l'accusé réitère son refus : « Seulement devant les représentants de la classe ouvrière ! »

Le procureur off : « L'Assemblée nationale a été dissoute, nous avons un nouveau gouvernement. »

Comme un chien rendu furieux par des coups de bâton, il grogne : « Personne ne reconnaît cet organe, le peuple combattra pour sa souveraineté ! »

Le juge off : « Reconnaissent-ils la situation actuelle ? Nous sommes obligés de leur faire comprendre la nouvelle réalité ! »

L'accusé, enragé : « Je suis le président de la Roumanie et le commandant suprême des forces armées, je ne vous reconnais aucune qualité, vous n'êtes que de simples citoyens ! »

L'accusateur off : « Reconnaissez-vous avoir affamé le peuple ? »

L'homme, accablé, répond de manière presque inaudible :

« Nous avons décrété 200 kg de blé par personne et non par famille ! »

« Votre fille avait une balance en or pour peser la viande de son chien ! Combien valent vos villas ? » Le contradicteur s'acharne.

Réponse de la femme qui lève lourdement la tête : « Quelle villa ? nous n'avons aucune villa ! »

« Laisse, Helena, c'est une provocation. » De nouveau, son époux pose gentiment sa main sur la sienne. Brève coupure, le film reprend.

La sentence off : « Vous êtes reconnus coupables d'avoir affamé le peuple et d'avoir fait tirer sur la foule. »

L'accusé : « Je suis le président de la Roumanie, je réponds seulement devant la Grande Assemblée nationale. »

Un avocat off : « Nous entendons défendre les accusés dans les limites des dispositions légales. Nous constatons l'obstruction des accusés mais nous souhaitons qu'ils comprennent : ce tribunal est légalement constitué. » Nouvelle coupure.

Le jugement est prononcé off : « Nous condamnons, à l'unanimité des voix, Nicolae et Helena Ceaucescu à la peine de mort et à la confiscation de leur fortune, le 25 décembre 1989, en séance publique ! »

« Tous ces chefs d'accusation sont des mensonges, j'étais toujours ovationné quand j'allais dans les usines ! »

Après une dernière image de la pièce où se tiennent les accusés, nouvelle coupure. Bruits de chaises puis suit un dernier plan. Kim appuie sur « pause ». Il ne peut quitter des yeux l'écran. Au pied d'un mur, on distingue deux corps. Deux petits vieux baignent dans une mare de sang. Il rembobine la cassette et réappuie sur

« play » : « Vous êtes reconnus coupables d'avoir affamé le peuple… »

Kim ne s'était jamais senti aussi proche du Roumain qui, dodelinant de la tête, semble dire non. Pendant que l'interrogatoire des Ceaucescu se poursuit, il décroche machinalement le téléphone posé à côté. À l'autre bout du fil, une voix métallique répond : « Officier de tir Rae-Woh, à qui ai-je l'honneur ? »

« Ici, votre Cher dirigeant, déclenchez immédiatement l'opération Foudre du peuple ! »

II

Paris brûle-t-il?

« Lorsque nous coupons vos têtes,
nous faisons œuvre de dévotion
qui rapproche de Dieu. »

Extraits de la lettre que Djamel Zitouni,
émir du GIA, a adressé au président
de la République, Jacques Chirac,
le 19 août 1995.

Fatwa contre la France

« Au bâton, au couteau, à la Kalashnikov, il suffit d'avoir le temps pour battre sans peine les records d'Hiroshima et de Nagasaki. » Sept années de guerre civile en Algérie transformeront la formule assassine d'André Glucksmann[1] en une terrifiante prophétie. Au milieu de cette boucherie, les intégristes se signalèrent par leur absence totale de respect pour la personne humaine, égorgeant vieillards, femmes et enfants. L'effusion de sang éclaboussa l'Hexagone.

Curieusement, les attentats commis sur le sol français ne firent qu'accroître l'incompréhension de l'opinion sans rompre le mutisme de ses dirigeants. Attention, Algérie, colis historiquement piégé ! Circulez, il n'y a rien à voir furent les seules lignes politiques suivies par le Quai d'Orsay. De l'autre côté de la Méditerranée, écœurement ou réflexe de survie d'un peuple anémié, la guerre civile semble à présent s'épuiser. Nous aurions donc eu raison de faire le gros dos. Il suffit pourtant de remettre le drame algérien en perspective pour tempérer cet optimisme.

Les Islamistes algériens ont perdu une bataille...

Car si le second conflit d'Algérie s'achève, c'est surtout de guerre lasse. Au sein de l'opinion, la haine du pouvoir reste tenace. Contrairement à la guerre civile espagnole, la déchirure algérienne n'a pas tranché la question de la légitimité. Les raids au napalm, les tirs de roquettes, les camps du Sahara extirpèrent les maquis sans consolider le pouvoir des généraux. L'ALN[2] ne possède pas de chef incontesté. Nezzar n'est pas Franco. Appelé fréquemment aux urnes depuis 1991, le peuple ne soutient massivement aucun candidat. Probablement parce qu'il est conscient du fait que son vote ne provoquera aucune alternance. Depuis la mort de Boumédienne en 1978, l'état-major[3] règne en effet sans partage sur le pays. Dès son décès, l'armée installe Chadli Bendjedid aux commandes et le démissionne en 1992. Quelques mois plus tard, Mohamed Boudiaf qui tente de faire rentrer les militaires dans le rang est assassiné. En novembre 1995, l'armée pousse le général Zéroual à briguer les suffrages mais l'écarte en octobre 1998. En octobre 1997, c'est elle qui signe une trêve avec l'AIS, empêchant l'islamisme de s'entendre avec le pouvoir civil. Dès lors, il n'est guère surprenant que « son » candidat, Abdelaziz Bouteflika, ait remporté le scrutin[4] de 1998. Ce dernier dispose d'une marge de manœuvre équivalente à celle d'un Premier ministre indonésien ou pakistanais vis à vis de ses supérieurs galonnés.

Ce pouvoir militaire partage avec le FLN[5] une écrasante responsabilité. En effet, ces hommes bâtirent l'Algérie sur un triple mensonge. Leur premier bobard fut de gouverner au nom d'idéaux « socialistes » et égalitaires. Dans les faits, le régime pilla les richesses du pays. La chute des cours du brut et du gaz après 1986 et la libéralisation de la Sonatrach[6] creusèrent encore le fossé entre discours et réalité. Proclamer l'Algérie, terre d'unité arabe, fut le second mensonge fondateur qui poussa huit cent mille pieds-noirs, juifs et chrétiens à l'exode.

À mesure que les moyens modernes de communication permettaient à la minorité kabyle de prendre conscience d'elle-même, cette tromperie devenait de plus en plus choquante. Mais lorsque la ploutocratie francophone arabisa[7] de force la population, elle confina au délire mythomane. Enfin, troisième contre-vérité ayant légitimé le pouvoir : sa modernité « nationale ». Décolonisée, l'Algérie se retrouva certes dotée de remarquables infrastructures routières, ferroviaires, administratives, agricoles mais celles-ci étaient… françaises. Préparant un avenir moderne tout en faisant table rase du passé colonial, Alger s'empêtra dans une pathétique contradiction. Calqué sur le modèle métropolitain, un État, dont les chefs raisonnaient en français avec des schémas cartésiens, dressait l'Algérie contre la France ! En psychiatrie, un tel comportement s'appelle la schizophrénie.

Dans le vocabulaire politique algérien, il restera sous le nom d'État-FLN. À mesure que ces trois mensonges éclatèrent, les contradictions du pouvoir devinrent intenables. Pour finir, les héros de la lutte anti-française ne purent se maintenir que grâce à la coopération militaro-policière[8] de Paris !

La vague islamiste peut donc être interprétée comme une vengeance du peuple contre ses élites. Les Algériens retournèrent sa rhétorique contre le pouvoir. Si nous sommes arabes, rompons avec l'Occident ! Si nous sommes « socialistes », pratiquons la *zakat*[9] ! Si nous sommes un, formons l'*oumma* ! Grâce à l'islamisme, la lutte anticoloniale se « démocratisa ». Le peuple se réappropria ses maquis. Par certains côtés, la guerre civile devait ainsi constituer une seconde décolonisation, culturelle celle-là. Amorcé aux municipales de 1989[10] puis au premier tour des législatives de 1991[11] une traduction électorale de ce populisme fut stoppée net par les généraux. Les militaires effacèrent le résultat des urnes et s'empressèrent de décréter la loi martiale. Habile, le régime utilisera toutes les opportunités offertes par l'état d'urgence. Le déchaînement de la violence fera passer les plans d'austérité du FMI comme lettres à la poste. Les exactions transformeront les Kabyles en « patriotes[12] ». Si bien que la guerre achevée, ses causes perdurent.

Les intégristes militairement défaits, l'Algérie ne se trouve ni plus unie, ni plus prospère, ni plus égalitaire, ni plus moderne. Le rôle joué par les milices d'autodéfense a permis aux Berbérophones de réaliser que leur salut se trouvait peut-être... au bout du fusil. Les trafics en tout genre aggravèrent la corruption ; l'endettement fut accru par un conflit ayant coûté une année de PNB. Enfin, en dépit de la découverte de nouveaux gisements pétroliers et d'un retour de la croissance, les indicateurs de long terme indiquent que l'actuelle embellie économique sera passagère. Le pays tire en effet l'essentiel de ses ressources de son sous-sol. À l'avenir, le retour de l'Irak sur le marché, la découverte de réserves en mer Caspienne et en mer de Chine, le relâchement de la discipline OPEP conjugueront leurs effets pour, au mieux, maintenir le prix du brut. Les recettes de l'Algérie stagneront, pas ses besoins. Alors que 60 % de la population n'a pas dix-huit ans, le taux de chômage officiel s'établit à 27 %. En l'an 2000, le service de la dette devrait atteindre 75 % des revenus du pays. Mécaniquement, le niveau de vie algérien ne pourra guère s'améliorer. Dans un paysage économique et social aussi plombé, le pouvoir se maintiendra-t-il sans « Islamistes » ? Les généraux pourraient aussi poursuivre leur politique d'arabisation forcée jusqu'au soulèvement de la Kabylie. Les Jacobins d'Alger auraient alors leur Vendée à réduire... en beaucoup plus montagneuse. Afin de détourner l'attention du peuple, l'ALN pourrait enfin choisir de défier ses voisins. Une réouverture du conflit au Sahara occidental en fournirait le prétexte. Dans tous les cas, la France se retrouvera avec une menace sur son flanc Sud.

Algérie, un risque multiple

Pour la France, le « risque algérien » ne saurait être minimisé. Et ce, en raison de la proximité de ce pays. Proximité géographique, Marseille étant plus proche d'Alger que de Dunkerque mais aussi proximité humaine, avec 3 millions de ressortissants ou d'enfants de ressortissants algériens sur son sol, qu'elle le veuille ou non, l'Algérie demeure pour la France un « étranger proche ». Pour Paris, le danger algérien est double. Dans les deux cas, la menace peut s'avérer vitale.

Le risque terroriste paraît maîtrisé, surtout il semble n'avoir jamais été incontrôlable. Erreurs. La principale vague d'attentats perpétrés en France de juillet à octobre 1996 ne fut pas le fait d'individus rationnels, incités à retenir leurs coups. La teneur des missives que leurs auteurs adressèrent au gouvernement révéla qu'il s'agissait d'irréductibles jusqu'au-boutistes. Dieu merci, ces illuminés employèrent des méthodes davantage inspirées des pieds nickelés que du GIGN. Mais entre folie sanguinaire et amateurisme il n'existe pas de lien automatique.

Et si un commando luttant « jusqu'à la fin du monde pour l'instauration d'un Califat » avait mis la main sur une bombe atomique ? Avec des si... on ferait sauter Paris avec une bouteille !

Car si les GIA semblent dépourvus d'engins aussi sophistiqués, tel n'est pas nécessairement le cas de certains de leurs honorables correspondants. Une note numéro 97-245[13] du ministère des Affaires étrangères s'inquiétait de la tenue d'une conférence de presse en Afghanistan.

En 1997, à Kaboul, un responsable taliban exhiba une fiole métallique contenant une matière pulvérulante. Début 1998, les services de renseignement occidentaux prirent également au sérieux l'appel d'Oussama Ben Laden à la construction d'une bombe artisanale. À cet effet, le milliardaire distribua des bourses à des étudiants en physique nucléaire. En Russie, tout se vend, y compris du plutonium et de l'outillage de précision. Ben Laden et les siens disposent de moyens financiers[14] suffisants pour les acquérir. Or, entre GIA algériens et maquisards saoudiens, des liens existent. En 1994, la police française aurait découvert un chèque[15] libellé au nom d'une association musulmane de Saint-Ouen proche des intégristes algériens. Montant · un million de dollars ! Autre preuve de cette collusion : lors d'un raid dans un camp frontalier tenu par Ben Laden, l'armée pakistanaise récupéra le cadavre d'un citoyen algérien. La *djihad* afghane et la cause bosniaque servirent de creuset à ce diabolique *melting pot*. Les nébuleuses intégristes sont encore loin de maîtriser l'armement nucléaire. En revanche, le recours à des moyens plus rudimentaires mais tout aussi redoutables paraît à leur portée. Le plan permanent du renseignement[16] a ainsi travaillé sur d'effarantes hypothèses telle que la contamination des nappes phréatiques de la région parisienne par des agents chimiques, scénario envisageant froidement... des centaines de milliers de victimes.

Pour la France, la perspective la plus désastreuse reste celle de voir un régime islamiste s'installer à Alger. Un effet de contagion serait alors à redouter. Aucun voisin de l'Algérie ne saurait se considérer à l'abri. Le procès de Marrakech fit voler en éclats le tabou d'un Maroc immunisé contre l'intégrisme. La région du Haut-Altas, celle d'Ifrane, la ville de Ouarzzazate abriteraient des GIA marocains. La Tunisie de Ben Ali ne possède pas non plus de frontières étanches. Entre le mouvement tunisien En Nadha[17] et la branche armée du FIS, l'AIS, des camps mixtes auraient existé. La patrie du turbulent Khadafi compte également une province touchée : la Cyrénaïque, fief d'Abdallah Sadek, l'émir du groupe islamique combattant. En 1995, ce dernier déclarait : « Nous livrons le même combat que le GIA algérien ! » Si des Islamistes accèdent aux responsabilités à Alger, ils pourraient ainsi être tentés d'aider leurs frères d'armes. Liée par des traités défensifs avec les voisins de l'Algérie, la France devra alors honorer sa signature. À moins…

… Que d'ici là, le vrai cauchemar de Paris ne se réalise : qu'une Algérie islamiste accède au rang de puissance nucléaire. Frayeurs gratuites ? Peut-être pas. En janvier 1992, le *Times* de Londres faisait état du transfert à Alger de 10 tonnes d'uranium en provenance de Bagdad. En 1993, la CIA révélait que la Chine avait livré à l'Algérie un réacteur[18] à eau légère.

Installé à Aïn Oussera, ce matériel inquiète la communauté du renseignement : d'une capacité annuelle de 15 mégawatts, la fission y est contrôlée par de l'eau lourde à partir d'un uranium enrichi à 20 %. Son potentiel de rejet en plutonium[19] est donc d'environ 3 kilos par an. Dix ans de stock fournirait à l'Algérie de quoi assembler deux ou trois charges. Quant aux vecteurs, le pays dispose dès à présent de dix-huit installations de missiles à moyenne portée Frog 7 et Frog 4 ainsi que d'une flotte de dix bombardiers d'attaque SU 24. Ainsi, le spectre d'une Algérie intégriste braquant ses têtes nucléaires sur Marseille ne saurait être écarté. Il serait alors un peu tard pour relire ces lignes d'un des idéologues[20] du GIA : « Si la guerre nucléaire est le seul moyen de défendre les musulmans, alors il faut la faire ! »

À présent, les Islamistes ont perdu une bataille[21] mais ils sont loin d'avoir perdu la seconde guerre d'Algérie. La victoire remportée par les militaires n'assure pas l'avenir d'une nation, toujours travaillée par des forces politiques contradictoires, dont l'intégrisme. Alger ne représente qu'une pièce sur la grande partie d'échecs planétaire que les intégristes livrent contre l'Occident. Mais cette pièce n'a rien de négligeable : parce que ce pays est doté d'un capital humain de premier plan, que son sous-sol regorge de ressources énergétiques mais surtout parce qu'Alger est l'un des maillons les plus faibles de l'ordre pro-occidental dans le monde arabo-musulman. Ainsi, nul ne peut exclure que les intégristes algériens refassent parler d'eux en trouvant des moyens d'expression plus spectaculaires encore. La dissuasion du fou au fort ne restera peut-être pas éternellement dans les cartons des stratèges.

*
*   *

Russie, Mourmansk, port de la flotte atomique du Nord*

On était au début d'octobre et les eaux de la Baltique s'étaient solidifiées par endroits. Les quais bordaient un miroir qui reflétait un ciel limpide. D'immenses carcasses d'acier saisies par le givre étaient les derniers vestiges de la flotte atomique du Nord. Un cimetière de glace : voilà ce qu'était devenu l'un des ports les plus animés de la Baltique ! Or, ces déserts humains paraissent plus inhospitaliers que les plus arides des paysages. Se sentant gagné par une sorte d'effroi, Ibrahim pressa le pas. Mourmansk ressemblait aux mines de sa Lorraine natale. Mais ici, l'atmosphère paraissait moins mélancolique qu'irréelle. L'homme qui marchait à ses côtés s'arrêta net. Le tirant par la manche, il invita Ibrahim à observer la berge.

« Regardez, c'était le *Lénine*, l'un des premiers brise-glace atomiques ! » expliqua Kozlov. À chaque ressac, la proue d'une épave brisait la plaque neigeuse, provoquant un crissement atroce comme si le métal blessait la banquise. « Comment une telle puissance a-t-elle pu sombrer ? » songea Ibrahim sans même relever que la fierté du Russe répondait à sa question. Orgueil, suffisance, vanité : voilà ce qui avait coulé l'Empire rouge. En y réfléchissant, Ibrahim aurait réduit ces causes à une seule : l'impiété. Mais il était trop absorbé par la vision de cette gueule noire ruisselante émergeant et replongeant aussitôt de son catafalque de neige.

« Avant, la plupart des employés d'Atomenergo-Export[22] travaillaient ici. » Retraité de la marine sovié-

---

* Relecture : Didier BILLION, Chercheur à l'Institut de Relations internationales et stratégiques (IRIS).

tique, reconverti en VRP d'un genre un peu particulier, Kozlov essayait d'amadouer le client.

« On est encore loin ? » interrogea sèchement Ibrahim.

« On arrive, on arrive ! » Sexagénaire bedonnant, le responsable des ventes d'Atomenergo-Export éprouvait quelque peine à suivre les prestes enjambées du jeune homme. Nicolaïe Kozlov n'avait jamais rencontré de Français s'appelant Ibrahim ! Il ne pouvait s'agir que d'un Arabe ! Pourtant, dans sa jeunesse, il avait croisé des Égyptiens venus se former à l'Institut de physique nucléaire de Moscou, des types sympas, toujours prêts pour une virée, ne repoussant jamais une bonne bouteille et encore moins une jolie fille. Quelques verres suffisaient à faire couler le vernis des conventions, deux ou trois cuites forgeaient des amitiés pour la vie. En cela, les Arabes ressemblaient aux Russes : on pouvait facilement sentir leur âme palpiter. Muet comme une carpe, cet Ibrahim faisait un drôle d'Arabe. En deux semaines, il n'avait pas bu une goutte de vodka ! Il n'était même pas rentré dans le sauna avec Natacha ! Pourtant, plus d'un bon père de famille se serait damné pour voir la Lituanienne en tenue d'Ève, avec ses couettes rousses et son petit derrière pommelé ! Or, ce type n'était même pas marié ! Décidément, ce gars n'était pas net. Les deux hommes longeaient toujours le quai.

« Un peu tendre pour un businessman » avait d'abord songé le Russe en découvrant un PDG de vingt-deux ans mais, à Moscou, la comptabilité avait vérifié : ISAG-Export, la PME de Tourcoing, possédait effectivement une filiale de droit irlandais, basée au Luxembourg, elle-même détenue par une entreprise libanaise disposant d'un compte à la Al Taqwa Bank[23] à Nassau. Que pouvait-on refuser à l'établissement de Youssouff Al Nada, l'homme ayant financé la plus juteuse transaction[24] de l'ère capitaliste russe ? Rien. Sûrement pas de se débarrasser d'une telle cochonnerie pour un prix aussi exorbitant ! En 1992, Kozkov avait bien vendu du *Yellow Cake*[25] à deux mille dollars le kilo ! Mais il était persuadé que de tels pigeons n'existaient plus. Ibrahim était probablement le dernier de son espèce. Les musulmans voulaient tous la bombe. Décidément, ces imbéciles ne comprendraient jamais que sa mise au point n'était ni une affaire d'ingrédient, ni une question technique mais un problème d'infrastructures ! Fabriquer une arme atomique dans un pays du tiers monde était un projet aussi insensé que d'ouvrir une station de sports d'hiver aux Bermudes ! Et cet Ibrahim, qu'est-ce qu'il imaginait pouvoir faire avec ces déchets ?

« Nous y sommes ! » Kozkov désigna un monticule recouvert de neige. Posée sur le quai, la pyramide devait faire un mètre de haut et cinq mètres de large. S'approchant de la pile, le Russe en balaya le sommet du revers de sa manche, découvrant des barres métalliques de la taille d'un ballon de rugby. Puis il sortit de sa vareuse un compteur Geiger et l'approcha des obus. À peine placé sous tension, l'appareil se mit à crépiter et les aiguilles se calèrent vers la droite. Sous le revêtement de plomb de chacune des barres, trois kilos de matière hautement radioactive.

« Mais il n'y a aucune protection ! » laissa échapper Ibrahim, estomaqué par l'imprudence des Russes.

« Bah ! Ici, à part les mouettes, il n'y a personne à contaminer ! Et puis dans le coin, les chevelus du genre Greenpeace, si on les chope, on les tond comme des moutons ! » Kozlov s'étonnait de voir son client inquiet. Pour un Russe, il était toujours curieux de voir les étrangers accorder un tel prix à la vie.

« Vous connaissez la période[26] de ces trucs ? Les rayonnements gamma sont dangereux dans un rayon de 300 mètres ! » Ayant visité la veille l'hôpital de Mourmansk, Ibrahim avait vu des gamins, le crâne déplumé par les chimiothérapies. À présent, il savait à quoi s'en tenir : Allah avait puni ces mécréants pour leur imprudence !

« Écoutez, protégée ou pas protégée, moi je m'en fiche, la marchandise doit être prête, c'est tout ! » Le ton du Français n'avait rien de très commercial.

« Je vais vous dire un truc, mon garçon : ici, les radiations, on connaît ! Dans tous les environs, vous trouverez pas un type assez marteau pour faire joujou avec les déchets ! » Kozlov commençait à en avoir assez de ce freluquet. Il n'y a pas si longtemps, un étranger aussi arrogant aurait achevé son tour de Mourmansk dans la broyeuse à poissons.

Mais depuis la chute du Mur, le sens de l'hospitalité soviétique s'était beaucoup perdu…

« On peut commencer à charger quand ? » s'inquiéta Ibrahim.

« En début de semaine prochaine si vous voulez ! Mais je vous préviens, pour passer en Finlande, ce sera coton sans même parler de l'Allemagne ! » Le marché conclu, le Russe n'avait plus de scrupule à afficher son scepticisme. Au contraire, il espérait ainsi entamer la suffisance de son acheteur.

« Dieu égare qui Il veut et guide qui Il veut, Inch Allah ! » répondit tranquillement Ibrahim.

Afghanistan, frontière pakistanaise, camp d'entraînement de Baktia

En moins d'une génération, le mode de vie pachtoune avait radicalement changé. Le pavot avait remplacé la laine et la kalashnikov, le poignard. Depuis l'invasion soviétique, les pasteurs s'étaient mués en combattants. Ils ne savaient plus rien faire d'autre que la guerre. Et ils la faisaient bien : avec ardeur et âpreté. La trentaine d'étrangers, placés sous les ordres de Gulbuldin depuis bientôt sept mois, étaient loin d'être aussi résistants que les jeunes du village mais ils commençaient à s'endurcir. L'entraînement produisait enfin ses effets : leurs avant-bras avaient pris la taille de leurs mollets et ils ne tremblaient plus en entendant pleuvoir les obus de mortier. L'aurore pointait et l'heure de la *rak'aa*, la prière matinale, approchait. Comme toujours, l'instructeur était le premier debout. Accroché à flanc de colline, le campement était encore assoupi. Dans l'une des tentes, un jeune homme marmonnait des bribes de phrases incompréhensibles. Les nuits de Kamel ressemblaient à ses jours : éprouvantes. Il ne savait pas s'il rêvait ou s'il était en plein cauchemar. Dans une autre vie, il avait eu un père et ce père avait tenu un bar à Marseille. Le soir, il abaissait le rideau de fer. Parfois, Kamel et ses sœurs s'asseyaient sur les chaises des clients et regardaient des diapositives du « bled ». À présent, le rétroprojecteur fonctionnait dans sa tête. Sous ses paupières scellées par la fatigue, les images se succédaient. Sa courte existence défilait.

Clic, lui, avec sa grande sœur, heureux, en maillot sur la plage du Prado; clic : la soie des cheveux de

Florence – son premier flirt – lissée entre ses doigts ; clic : la dépouille de son père enveloppée d'un linceul blanc ; clic : le regard méprisant de son prof de math ; clic : le bruit des clés dans les serrures aux Baumettes[27] ; clic : Mustapha, l'imam qui l'avait remis dans le droit chemin ; clic : Peshawar et l'odeur musquée du souk ; clic : Mourad, le voleur du groupe, hurlant alors que Gulbuldin lui tranchait la main à la scie électrique ; Clic : son commando agenouillé pour la prière : « *Allah ou Akbar*[28] *! Allah ou Akbar. Allah...* »

« (...) *ou Akbar ash hadou ana... la illaha illa Allah !* Debout ! » Ouvrant un œil, Kamel aperçut un coin de toile kaki. Il ne rêvait plus, c'était l'appel de la *rak'aa*. Dans moins de deux heures, le soleil serait levé. Je suis un Moudjahed !

Un guerrier doit maîtriser son corps, allez debout ! Le jeune homme allait bondir sur ses jambes lorsqu'il aperçut Youssef. Recroquevillé dans le duvet voisin, son compagnon était encore dans les bras de Morphée. Soudain une pensée l'étrangla : c'est pour aujourd'hui ! Kamel replongea son bras glacé dans son sac de couchage. Mon Dieu, faites que l'on soit hier ! Accomplir la volonté d'Allah exige une dureté dont il ne se sentait pas capable... Pas encore.

« Vous prétendez entrer au paradis sans passer par les épreuves qui ont marqué vos devanciers ? Calamités et douleurs vous affecteront ! Vous subirez le sort des Nazaréens, des Juifs et des hypocrites ! » L'imam se tenait bien droit. L'écume blanchissait la commissure de ses lèvres cerclées d'une barbe rousse. « Si vous êtes ici, c'est que l'envoyé et ses compagnons vous ont vus ! Les hypocrites regardent le ciel et disent : à quand le secours du ciel ? Vous, vous savez que le secours du ciel est proche ! Vous êtes nés chez ceux qui forniquent dans les Églises et qui copulent dans les synagogues mais vous avez choisi de combattre ceux qui transgressent ! Votre frère Youssef a été choisi pour une mission héroïque car l'Envoyé l'a vu ! Lorsque vous retournerez chez les croisés, lorsque vous retournerez punir ces fils de porcs, alliés de l'ennemi impie, vous vous souviendrez de votre frère et de son exemple. Prions pour Youssef, prions pour que le Très Miséricordieux, le Tout Miséricordieux, ait pitié de son âme ! »

Agenouillés devant l'orateur, les membres du commando prononcèrent d'une voix profonde et grave qui résonna dans la montagne : « Que sur lui soient prières et protections ! Que Dieu l'agrée ! Que Dieu lui fasse miséricorde ! »

Le prêche avait duré deux bonnes heures. À présent, le soleil, haut dans le ciel, inondait la vallée. Gulbuldin, pieds nus sur un tapis de prière, tourna le dos à ses hommes, offrant son visage à La Mecque. Debout, inclinés, sur les genoux, puis prosternés, les croyants répétèrent une dernière fois les articles de la foi. En posant son front sur l'herbe couverte de rosée, un jeune homme sentait une bande de sparadrap mordre sa peau sous son tee-shirt. La charge avait été fixée à même le torse. Youssef priait pour la dernière fois. Le ruban adhésif comprimant sa poitrine l'aidait à contenir ses sanglots. Mais quinze minutes plus tard, lorsque le géant barbu alluma son chalumeau et commença à souder les portes de la camionnette, l'adolescent choisi pour l'attentat suicide ne put retenir ses larmes. Coiffé d'une toque afghane, son bourreau ressemblait vraiment à Azraïl, l'ange de la mort ! Youssef perdait aussi le contrôle de ses mains posées sur le volant. Il essaya de toutes ses forces de les immobiliser mais elles tremblaient. Il faut que ça s'arrête ! Il allait devoir conduire la Toyota sur la maison du traître. Il faut que ça s'arrête ! Lorsque les issues furent verrouillées, le jeune homme rassembla ses dernières forces et tourna la clé.

Il faut que ça s'arrête ! Trop tard : le système de mise à feu relié au moteur était à présent enclenché. Les yeux embués, Youssef desserra le frein à main et partit accomplir la volonté de Dieu. Le commando suivit le véhicule des yeux jusqu'à ce qu'il disparaisse dans un nuage de poussière. Kamel et les moudjahidines de la promotion Zitouni[29] comprirent alors ce qu'était le martyr.

Géorgie, poste frontière de Batoumi

Il faisait une chaleur suffocante dans la cabine du camion. Torses nus, ruisselant de sueur, Kamel et Mustapha avaient le choix entre deux maux. Laisser la vitre ouverte : c'était faire rentrer les moustiques, la remonter : c'était augmenter la température. Après tout, les insectes étaient les créatures de Dieu, ils laissèrent donc les fenêtres baissées. Voilà plus d'une heure qu'ils faisaient la queue devant le poste-frontière. Carrefour du Moyen-Orient, de l'Occident et de l'Asie centrale, Batoumi était l'un des nœuds routiers les plus encombrés du monde. Pare-chocs contre pare-chocs, les avaleurs d'asphalte formaient une file indienne de près de huit kilomètres de long. Redescendant de Douchambé vers Ankara, les poids-lourds avaient longé la mer Noire. Kamel et Mustapha, le chauffeur turc, venaient de beaucoup plus loin. Mais cela, personne n'aurait pu le deviner. Car en quittant la CEI, ils avaient changé les plaques. Jusque-là immatriculé en Ukraine, le camion était devenu turc, origine : Samarkande, destination : Izmit. Leurs passeports étaient de « vrais faux » fabriqués par les « frères » algériens. En Turquie, en France, en Allemagne, les correspondants du GIA[30] « perdaient » leurs pièces d'identité. Les chimistes de l'organisation passaient un tampon de mousse imbibée d'hyposulfide sur les documents, soulevant ainsi le film plastifié sans l'endommager. En humectant le centre des photos d'identité, on effaçait les traits du porteur légal. Replacer un nouveau visage parfaitement centré, à l'aide d'une table de mise au point et d'un scanner, était ensuite un jeu d'enfants. Les douaniers de Ben Gourion[31] n'y voyaient que du feu, leurs collègues turcs ou géorgiens n'avaient aucune chance de découvrir des faux. Question document, ils ne risquaient rien. En revanche, le chargement posait problème. Les barres avaient été dissimulées dans des caisses de coton ouzbek. Au cas où les boîtes auraient été ouvertes, cette denrée permettait d'enfouir profondément la marchandise. Malheureusement, elle rendait aussi le poids du chargement réel totalement aberrant. Un fonctionnaire zélé découvrirait fatalement le pot-aux-roses. Le camion arrivait au niveau du premier poste. « Poste-frontière » : côté géorgien, l'expression était inappropriée, « péage » aurait été plus conforme à la réalité.

Deux gardes étaient postés au pied d'une guérite. L'un d'eux, affalé sur une chaise pliante, cuvait son vin. L'autre, casquette en arrière et clope au bec, tendait le bras. À Barbès, on appelerait cela faire la manche.

Sur les bords de la mer Noire, cela s'appelait prélever la taxe frontalière. Le camion s'immobilisa avec un bruit de ballon que l'on dégonfle.

« *Euros only!* » grommela le Géorgien. Mustapha tendit une coupure de dix euros et le policier, satisfait, lui fit signe d'avancer. Le premier obstacle était franchi. Cinq mètres plus loin, le drapeau rouge à croissant blanc de la République kémaliste frissonnait au sommet d'un mât. Au premier coup d'œil, les deux hommes comprirent que le plus dur restait à faire. Deux douaniers en tenue de camouflage, coiffés d'un béret, s'avancèrent en les saluant.

« Papiers du véhicule ! » Posté au pied du camion, le garde saisit les pièces. En retrait, son collègue attendait, mitraillette en bandoulière.

« Passeports ! » Le Turc rendit les documents routiers, les deux compères soufflèrent.

« Attendez-moi là, je vous prie ! » Tournant les talons, le douanier pénétra dans une casemate. En attendant le retour du garde, Kamel avisa le poste turc : impeccable rectangle de béton blanc sur le toit duquel était vissée une parabole. Une parabole ! Les Turcs étaient équipés de moyens de transmission : ce n'était pas du tout prévu au programme. S'il vérifie, on est foutu ! pensa Kamel. L'embouteillage les empêchait de faire marche arrière. Un char et deux Jeep, armées de mitrailleuses lourdes, garés sur le bas côté, rendaient toute fuite en avant illusoire. Le temps s'étirait désespérément, les minutes débordèrent les unes sur les autres. Soudain, un moustachu de petite taille sortit du bâtiment. Passeports à la main, il se dirigea prestement vers eux. Apercevant des galons sur ses épaulettes, Kamel sentit son abdomen se contracter. Un officier vient nous arrêter ! Contournant le véhicule, le capitaine s'immobilisa devant la portière, côté passager. « C'est toi qui es de Paris ? » demanda-t-il en mauvais allemand.

« Ya ! » répondit Kamel.

« Mon cousin habite Paris, il est Chukru, lui spécialisé retouche ! » De sa main droite, l'officier imita le mouvement d'une paire de ciseaux. « J'ai lettre, tu peux donner lui ? Ici frontière, très loin, poste très pas bien ! » Le Turc tendit à Kamel une enveloppe sur laquelle était crayonnée une adresse.

« Pas de problème, avec plaisir ! »

« Merci, merci ! » Le visage du moustachu s'éclaira d'un grand sourire puis il fit signe aux deux hommes d'avancer. Mustapha attendit de voir le poste disparaître dans son rétroviseur avant d'échanger un regard avec son complice. Allah était grand et ce Chukru ne devait pas être petit !

Grigny, cité de la Grande Borne

« Sur la vie de ma mère, ce mec, tu lui manques de respect, y t'envoie direct à l'hosto ! » Les deux petits s'étaient écartés afin de le laisser passer. En entendant les gamins faire son éloge, Kamel fut frappé par l'ironie cruelle du compliment : « l'hosto » c'est lui qui en aurait eu besoin. D'urgence ! Rien que depuis lundi, il avait perdu deux kilos. À ce rythme, il serait bientôt aussi léger que sa petite sœur. Il flottait dans son survêtement. Ses jambes étaient lourdes, ses articulations le faisaient horriblement souffrir. Sous ses bras, il sentait de petites boules douloureuses au toucher. Et puis il y avait cette toux qui lacérait ses bronches. Ce mal qui le grignotait de l'intérieur n'avait qu'un effet positif : sa mère le laissait dormir le matin et avait cessé de le harceler pour qu'il cherche du travail. Le Sida ? Son fils était tellement pieux qu'elle n'osait pas y croire mais après tout, un homme est un homme. Les tests de dépistage s'étaient révélés négatifs et depuis, Nadia était convaincue que son aîné avait pris froid. Comme si l'on attrapait des rhumes au printemps ! Kamel était un dur, un moudjahidine ayant appris à affronter les réalités les plus terribles. Il savait très bien ce qu'il avait, il savait que les premiers symptômes étaient apparus après avoir ouvert les barres métalliques avec la perceuse. C'est cette maudite poudre phosphorescente qui se trouvait à l'intérieur qui était en train de le tuer. Pendant sa formation en Afghanistan, puis lors de son séjour au Daguestan, il avait appris à regarder la mort en face. Mais celle des autres était plus facile à appréhender que la sienne. Il le sentait : ce serait bientôt son tour. Une seule idée le consolait : les infidèles seraient nombreux à le suivre. Très nombreux.

Paris, Hôtel-Dieu

En soulevant le tee-shirt de l'adolescente, le professeur Baroukian sentit sa gorge se nouer. Les plaques noirâtres qui tachetaient son dos ne laissaient subsister aucun doute. Le chef du service de dermatologie de l'Hôtel-Dieu était sûr de son fait : il ne pouvait s'agir que d'un mélanome[32].

Compte tenu de l'étendue des lésions, il n'y avait plus rien à faire : la tumeur avait déjà franchi toutes les barrières de l'épiderme. La belle Eurasienne à la longue tresse auburn se rhabillait sur sa chaise. Le médecin sentit ses jambes cotonneuses. En une semaine, il venait de diagnostiquer douze cas, trois fois plus que pendant toute sa carrière ! Quelque chose ne collait pas. Il avait prévenu la cellule de veille épidémiologique au ministère de la Santé mais l'Énarque lui avait ri au nez : une épidémie de cancers ? Voyons, cher ami, c'est ridicule !

« Alors, docteur, qu'est-ce c'est ? »

Âgée d'à peine seize ans, la gamine s'appelait Anne-Laure, elle était superbe. Comment annoncer à cette gamine que d'ici quelques mois sa vie connaîtrait un terme aussi atroce qu'inéluctable?

« Je suis navré, mademoiselle, mais il faudra rester un peu pour faire des examens complémentaires. »

Anne-Laure était allée consulter avant de partir en vacances, elle ne partirait plus jamais en vacances. Depuis sa naissance, elle n'avait jamais mis les pieds dans un hôpital, elle ne quitterait celui-ci qu'en fourgon mortuaire.

Cette jeune fille n'était sûrement pas encore une femme. Qu'est-ce qu'elle connaissait de la vie à seize ans ? L'horreur. Douze cas en une semaine, répéta mentalement le chef de clinique, douze cas !

Place Charles-de-Gaulle Étoile

« Mesdames et messieurs, bonsoir ! Au sommaire du journal ce soir, un mystérieux incident qui s'est produit cet après-midi, station Charles-de-Gaulle, à Paris. À 16 heures, les autorités ont ordonné l'évacuation de la station ainsi que la fermeture de toutes les lignes de métro et de RER. À l'heure où je vous parle, toute la place de l'Étoile est bouclée. Un important déploiement de forces de l'ordre interdit l'accès au périmètre. Pour l'instant, la préfecture se refuse à tout commentaire. Aussi, nous ignorons les raisons ayant poussé les autorités à prendre de telles mesures, mesures qui ont créé un embouteillage monstre au cœur de la capitale. Pour tenter d'en savoir plus, je vous propose de retrouver notre correspondant sur place, Ladislas de Hoyos. Ladislas ? »

« Oui Patrick ! Je me trouve actuellement en bas de l'avenue d'Iéna et comme vous pouvez le constater, le dispositif de sécurité est impressionnant. Depuis notre arrivée, le ballet des camions militaires est pratiquement ininterrompu. Une atmosphère qui rappelle aux Parisiens les heures les plus sombres des différentes vagues d'attentats. Curieusement, nous n'avons vu aucune ambulance, ni aucun véhicule de sapeurs pompiers sur place. Ce qui est également frappant, c'est qu'il y a, en fait, un double cordon de sécurité : le premier, que vous voyez derrière moi, avec des CRS, et, plus haut, un second, apparemment totalement hermétique, gardé par des soldats. Tout à l'heure, un policier nous a expliqué que ces militaires appartiennent au 8e régiment du génie et que toute la place ainsi que la station Charles-de-Gaulle devaient, jusqu'à nouvel ordre, être considérées comme une "ZMS", une "zone militaire sensible". Pour l'instant, nous ne sommes pas en mesure de vous en dire davantage… »

À quelques encablures de là, place Bauveau, dans la salle de réunion du premier étage, le Premier ministre poussa un soupir de soulagement. Éteignant le téléviseur posé derrière lui, il fit pivoter son fauteuil et s'adressa à la dizaine de collaborateurs réunis dans la cellule de crise de l'UCLA[33] :

« Messieurs, comme vous pouvez le constater, rien n'a filtré. Pour l'instant, l'opinion ne sait pas. Pour l'instant… car la question est : combien de temps ? Combien de temps avant que la France apprenne qu'un déséquilibré a placé des déchets radioactifs sous un banc de métro ? »

Le président de la République était en voyage officiel au Soudan et le chef du gouvernement avait réuni en urgence ce cabinet de crise.

« Monsieur le directeur, à ce stade, peut-on être certain que c'est lui ? » Le directeur général de la police nationale est le plus haut fonctionnaire de police. Lorsque les faits se déroulent en zone urbaine, c'est sur ses épaules que repose le diligentement des enquêtes.

« Incarcéré pour vol à la voiture bélier en 1995, Kamel Ziag était connu de la PJ comme un petit délinquant. Ce n'est que l'année dernière qu'Alger nous a informés qu'il figurait sur les listes d'Afghans. Depuis, la ST[34] l'a mis sur écoute mais les résultats n'ont rien donné. C'est le commissariat de Corbeil qui a signalé le corps. L'autopsie a révélé que le suspect était décédé des suites d'un cancer généralisé. Après perquisitions, nous avons retrouvé des débris de containers antiradiations ainsi que le croquis qui nous a permis de localiser les déchets. » Comme tous les membres de l'assistance, le divisionnaire était tellement choqué qu'il avait repris son accent corse.

« Monsieur le directeur de l'IPSN[35], pouvez-vous nous éclairer sur la nature des matériaux que vous avez trouvés ? » La politesse protocolaire permettait au chef du gouvernement de dissimuler sa peur.

« Compte tenu du niveau de radioactivité sur site, il ne peut s'agir que de tritium, c'est un résidu de la combustion de l'uranium. » L'expert paraissait nerveux.

« Quel est le risque exact pour le corps humain ? » Le Premier ministre dirige l'action du gouvernement et le gouvernement est garant de la sûreté, de la sécurité et de la santé publique. Trois obligations dont il était loin d'imaginer qu'elles seraient bientôt des chimères.

« En fait, tout dépend de la durée d'exposition et de la distance du corps par rapport à la source. À moins d'un mètre, quelques minutes suffisent. Mais au toucher, c'est presque instantané. Les premières lésions apparaissent dans un délai de un à trois mois. » L'ingénieur du CEA préférait ne pas envisager les conséquences pratiques d'un tel diagnostic.

« Le rayonnement dangereux cesse au bout de combien de temps ? » Comme il se doit, le Premier ministre sortait de l'Ena. En intégrant cette école, on sait à peine calculer la dérivée d'une courbe d'offres. Inutile de préciser que la physique nucléaire ne figurait pas au programme.

« Vingt mille ans ! » Tout ce qui est excessif est insignifiant : la citation faisait partie des classiques du prêtà-penser gouvernemental. Vingt mille ans : les importants de l'heure avaient oublié que la nature n'a guère le sens des proportions.

« Quoi ? Mais c'est un cauchemar ce truc ! » Les lois de la physique s'avéraient moins élégantes que les règles de la dissertation. Le Premier ministre reposa son front dans le creux de sa main puis il se ressaisit : « Monsieur le directeur de la Sécurité extérieure, comment peut-on se procurer une telle substance ? »

« D'après la Sécurité militaire à Alger, Kamel Ziag était un agent dormant du GIA. Depuis que les maquis ont perdu le soutien des États-Unis, ils ont gagné celui d'Oussama Ben Laden. C'est le milliardaire intégriste qui finance les camps d'entraînement depuis 1998. Il a parfaitement pu racheter aux Russes des déchets radioactifs. » Le patron de la DGSE était un préfet nommé au tour de l'extérieur. Cela faisait plus de six mois que sa centrale rédigeait des notes alarmistes. Les lisait-on seulement ?

« Vous estimez qu'il nous faut combien de temps pour coffrer ces types ? » Abandonnant son style maniéré, le chef du gouvernement commençait à reprendre contact avec la réalité, un peu tard.

« Le problème avec ces groupes, c'est qu'ils fonctionnent en chaînons. Chaque agent ne connaît qu'un seul correspondant. Le démantèlement complet du réseau peut prendre des mois, voire des années ! » À la « boîte[36] », on n'était guère surpris par la funeste découverte de la station Charles-de-Gaulle. À tort.

« Nous savons qu'un nombre important d'usagers a pu être contaminé. Mais ce qui compte, c'est d'éviter les mouvements de panique. Nous sommes vraisemblablement en présence d'un acte isolé. Imaginons ce qui se serait passé si… » On frappa.

« Entrez ! »

Un huissier entra et tendit un message.

« Monsieur le Premier ministre, le pli arrive du Quai d'Orsay ! »

Le chef du gouvernement déroula la ficelle du scellé et ouvrit la première enveloppe kraft. Puis il déchira la seconde et en sortit une petite note agrafée :

« Ambassade de France en Algérie
Très secret Défense
Télégramme arrivé Chiffré/TTU

À l'attention de Monsieur le Ministre
des Affaires étrangères

Aujourd'hui, à midi, nous avons reçu d'un messager la lettre suivante avec, pour consigne qu'elle soit transmise à Monsieur le Premier ministre. L'officier de sécurité du poste a authentifié le sceau du GIA.

Le Chef de poste.
Très secret Défense »

Le Premier ministre, livide, tourna la première page.

« Au nom d'Allah, le Tout Miséricordieux et le Très Miséricordieux, nous croyons que lorsque nous vous condamnons à mort, nous faisons œuvre de dévotion qui rapproche de Dieu. Plus de dix mille sources radioactives ont été disséminées dans toute la France. Nous ne vous révélerons leur emplacement que si les quatre conditions suivantes sont remplies : premièrement, votre conversion à l'Islam, ainsi que celle de votre gouvernement, retransmise en direct à la télévision française. Deuxièmement, la livraison d'une liste d'armes – que nous vous transmettrons ultérieurement – au Soudan et à l'Afghanistan. Troisièmement, la promulgation d'un statut juridique spécial pour les musulmans présents sur votre territoire. Quatrièmement, l'interruption immédiate de toute aide aux tyrans apostats d'Algérie, de Tunisie et du Maroc. Le délai pour respecter ces engagements sera celui que vous estimerez nécessaire pour épargner la vie de vos concitoyens.

Que la volonté du Tout Miséricordieux et du Très Miséricordieux soit faite, l'émir du commando Azraïl. »

III

Mourir pour Taïwan

« En ce qui concerne les États-Unis,
il est indispensable que nous laissions
couver notre vengeance pendant
un certain temps... »

Lieutenant général Mi Zhenyu,
Commandant en second de l'Académie
des Sciences militaires de Pékin.

Un pays, deux raisons de se faire la guerre

À moins de quinze jours des présidentielles, les Taïwanais eurent droit à un impressionnant spectacle pyrotechnique. Il ne s'agissait malheureusement pas d'un feu d'artifice mais d'un tir de missiles ! Le 8 mars 1996, la Chine ordonna des manœuvres au large de Formose. Le lendemain, la Maison Blanche faisait savoir que le porte-avion *Independence* croisait à 320 kilomètres des eaux taïwanaises. Le 11 mars, le président Clinton ordonnait au porte-avion *Nimitz* de le rejoindre sur zone. Le 12, un haut responsable du département d'État, en déplacement à Pékin, s'entendait dire que la Chine avait « ciblé » Los Angeles et San Francisco. À aucun moment depuis la fin de la guerre froide, deux grandes puissances ne se sont trouvées aussi près du clash.

Avant ce que les chancelleries ont pudiquement nommé « la crise du détroit », les relations entre Taïwan et le continent semblaient condamnées à s'améliorer. Durant la guerre froide, l'idéologie dressait Pékin contre Taïwan, Fort Chabrol des nationalistes. Retranché dans l'île après sa défaite en 1949, Chiang Kaï Check prétendait y incarner la Chine libre. Prétention étayée par la signature d'un traité défensif avec Washington. Mais en 1971, l'Amérique noue avec Mao une alliance de revers dirigée contre l'URSS. En reconnaissant Pékin, Washington doit donc abandonner sa doctrine faisant de Taïwan la seule Chine. Immédiatement, surgit un casse-tête diplomatique : si Pékin est la Chine, *quid* de Taïwan ? En février 1972, à Shanghai, lors d'une fin de soirée trop arrosée, Henry Kissinger[1] et Qiao Guanhua forgent un mensonge utile : Taïwan n'existe pas. Une contre-vérité résumée par la déclaration de Shanghai : « Les États-Unis reconnaissent que tous les Chinois des deux côtés du détroit de Formose déclarent qu'il n'y a qu'une seule Chine et que Taïwan est partie intégrante de la Chine. » Pour autant, Washington ne livra pas son ancien allié aux appétits de Pékin. Il est vrai que les communistes[2] auront bien d'autres « souris à attraper ». S'ouvre alors une ère marquée par le *statu quo*. Les États-Unis font comme si l'île n'était pas un État tout en la traitant comme tel. De son côté, la Chine considère Taïwan comme partie intégrante de son territoire mais accepte que son régime diffère du sien. Progressivement, les parties s'adaptent à cet *in between*. Entre-temps, Formose prospère. Un succès dont la Chine tirera profit.

Les échanges commerciaux entre Pékin et Taipeh explosent, les provinces côtières, irriguées en capitaux taïwanais, affichent des taux de croissance à deux chiffres. Les allées et venues des hommes d'affaires créent un pont aérien au-dessus du détroit. Avec les affaires, les relations de tous ordres s'intensifient : un tiers des appels longue distance depuis Formose aboutissent en Chine continentale. Les Taïwanais sont de plus en plus nombreux à visiter la mère patrie. La réunification ne semble pas pour demain mais le ressentiment appartient au passé. Le scénario le plus crédible devient alors la fusion progressive des deux entités, par coagulation sociale et économique. Un tel optimisme se fondait sur l'idée que l'économie de marché ferait évoluer le continent vers la démocratie pluraliste. Consommer aujourd'hui, c'est voter demain. La crise de 1996 éclata donc comme un coup de pistolet dans une salle de concert. Que s'était-il passé pour que la Chine prenne ainsi le risque – aussi infime soit-il – de déclencher une guerre ? La réponse tient dans la signification politique de la gesticulation chinoise : l'abandon de la doctrine « un pays, deux systèmes ». Désormais, Taïwan abriterait plutôt « un pays et deux bonnes raisons de se faire la guerre ».

Le premier facteur belligène est propre à Taïwan. Il suffit de remonter le cours de l'histoire insulaire pour le trouver. En 1620, les premiers étrangers débarquant sur l'île sont hollandais. En 1659, un aventurier chinois s'empare de Formose, il y restera un étranger de plus. En 1895, le Japon annexe la province. En 1949, les nationalistes, défaits par l'armée de Mao, s'y réfugient et ne s'y maintiennent que par la force. Plusieurs siècles d'occupation et d'immigration ont « sinisé » les indigènes locaux mais ces derniers n'oublient pas leur origine. Et il suffit que le régime autoritaire du Kuomintang s'assouplisse pour qu'apparaisse une formation indépendantiste. C'est un Taïwanais de souche que le scrutin de mars 1996 porte à la présidence[3]. Lee Teng-Hui entend rompre avec les années Chiang Kaï Check où il n'était question que de retour à la mère patrie. Le nouveau chef d'État proclame au contraire : « Le peuple taïwanais est souverain. » Paradoxalement, la Chine communiste préférait voir Taïwan aux mains des nationalistes plutôt que laisser Formose dériver vers l'indépendance. Pour comprendre la raison d'une telle intransigeance, un nouveau détour s'impose. L'Empire du milieu a toujours été travaillé par des tendances centrifuges. Aujourd'hui, les riches provinces côtières tendent à prendre du mou. Et Pékin s'interroge sur leur loyalisme. Dans ce contexte, Taïwan a vertu d'exemple. Transiger sur son statut ouvrirait la porte aux irrédentismes des « zones économiques spéciales ». Pour ne pas perdre Shanghai, les communistes sont prêts à mourir pour Taïwan.

L'exemple taïwanais est d'autant plus édifiant que l'histoire semble avoir été écrite par la propagande du parti. En effet, le premier Chinois qui débarqua à Formose, Koxinga, contestait la légitimité des Mandchous. Exactement comme Chiang Kaï Check refusa celle de Mao. En 1683, le continent envahit Formose et se débarrasse du renégat. Un parallèle entre ce haut fait et la lutte contre les sécessionnistes taïwanais a d'autant moins échappé aux communistes que le nationalisme « grand-chinois » demeure leur dernier instrument de domination des masses. La lutte pour Taïwan est ainsi étroitement liée au combat pour la légitimité à Pékin. Car le régime dénonce la démocratie comme un produit d'importation frelaté mais il proclame que les 22 millions de Taïwanais sont d'authentiques Chinois. Or, ces derniers sont aussi les citoyens d'une démocratie à part entière... Autrement dit, implantées en terre chinoise, des institutions à l'occidentale ne suscitent aucun rejet. Pour la nomemklatura, un tel constat dérange. Il gêne d'autant plus que si l'oligarchie gouverne au nom du prolétariat, dans les faits, elle exploite sa force de travail. Qui t'a fait roi ? Si le peuple s'avisait de poser la question au parti, ses hiérarques répondraient sans doute : cinq mille ans d'histoire. Le nationalisme demeurant l'unique source de légitimité des communistes, la propagande célèbre le retour d'une Chine impériale. Ce retour aux sources justifie également la conversion au capitalisme. Riche, la Chine redevient la Chine. Prospère, Pékin est de nouveau respecté. La restauration de la grandeur passe naturellement par l'effacement des stigmates du passé. 1997, le retour de Hong Kong dissipe les brumes de la guerre de l'opium. 1999, celui de Macao gomme le souvenir de la domination hollandaise. Les années suivantes devraient voir le retour de Taïwan. Une fois rentrée dans le giron continental, Pékin lui fera passer sa lubie démocratique. Mais les dirigeants chinois voudraient éviter l'invasion. En bons élèves de Sun Tzu, ils savent que l'excellence consiste à abattre sans combattre. Ils tâcheront donc d'éreinter financièrement l'île, de mettre ses nerfs à l'épreuve jusqu'à ce qu'elle craque plutôt que de risquer une invasion. On aurait cependant tort de croire que Pékin fera tout pour éviter l'affrontement. À ses yeux, la démocratie et le sécessionnisme représentent deux pestes qui justifient le choléra de la guerre. Taïwan ne peut l'ignorer. L'île s'est donc dotée de Mirage 2000, de frégates et a fait l'acquisition de cent cinquante chasseurs F16. Autrement dit, elle s'est équipée pour repousser une invasion. Hypothèse d'autant plus plausible que, de son côté, la Chine a concentré ses 30 milliards de dépenses militaires annuelles[4] sur la marine et les forces de réaction rapide, les troupes coups de poing, les Juan Tou[5].

Quant à l'achat à Moscou de soixante-douze chasseurs SU 27, de sous-marins de classe Kilo, de deux destroyers de classe Sovremeny, aptes à emporter des missiles supersoniques, on voit mal à quoi cette panoplie pourrait servir sinon à défier la VIIe flotte américaine croisant dans les parages.

D'encombrant cadavre dans le placard de la guerre froide, Taïwan est donc devenu un abcès de fixation. Pékin pourrait d'ailleurs utiliser la crise de Formose pour faire ses gammes de grande puissance. Si Washington capitule, toute l'Asie basculera. Dans le meilleur des cas, les États de la région se rangeront sous la bannière de Pékin et un gros tiers de la puissance mondiale échappera alors à l'influence occidentale. Que le Japon, l'Inde ou que la Corée réunifiée contestent ce leadership, l'Asie ressemblera alors au concert européen du XIXe siècle, les armes atomiques en plus. Au-delà de l'équilibre stratégique régional, c'est l'ordre mondial qui en sera bouleversé. D'horizon indépassable, la démocratie redeviendra un particularisme des sociétés blanches. L'utopie de 1789 serait ravalée au rang d'exotisme occidental. L'avenir du monde se joue bien dans le détroit.

*

* *

200 kilomètres à l'est de Vancouver, Canada*

« Pas mal leur nouveau modèle ! » ironisa Wang en massant ses jambes douloureuses après un si long périple. La dernière Coccinelle n'était vraiment pas très spacieuse.

« Le type de la location a sûrement pensé que c'était bien assez grand pour une Chinoise ! » May Li était du genre jolie fille mais petit format. Peau cuivrée et paupières effilées : elle possédait le physique caractéristique des gens du Sud alors qu'avec son mètre quatre-vingt-dix Wang était un vrai Han[6]. Ils ne formaient pas un couple très assorti : il approchait la cinquantaine, elle semblait à peine sortie de l'adolescence.

« Allons-y ! » Bipant le porte-clé Hertz, la jeune femme verrouilla les portières. Le coin était désert mais dans leur métier, la prudence était gage de longévité. La voiture était garée en bas de la côte, ils n'avaient plus qu'un terre-plein à gravir avant d'arriver sous le porche.

* Relecture : Jean-Luc DOMENACH, sinologue, directeur scientifique de la Fondation nationale des Sciences politiques.

La ferme dominait un champ de colza. Construite dans le style rustique mais coquet de la région, c'était une bâtisse à deux étages, découpée dans des lamelles de bois, façade blanche et volets azur.

« Ding Dong ! » La porte rutilante paraissait fraîchement repeinte. La sonnette de bronze qui y était accrochée faisait partie de ces coquetteries *british* que les Canadiens cultivent avec d'autant plus de soin que plus rien d'autre ne les distinguait des Américains. Le couple attendit une bonne minute avant de sonner à nouveau.

« Ding Dong ! » Toujours rien. May Li colla son oreille contre la porte.

« Mais qu'est-ce qu'il fout ? » Wang commençait à s'impatienter. Passer trois heures comprimé dans une boîte à sardines n'était pas le genre de services qu'il aimait rendre à son pays.

« Ton type est parano ! » murmura la jeune femme, guère plus enthousiaste à l'idée d'avoir fait tout ce chemin pour rien.

« Chut ! » De sa main droite, Wang fit signe de téléphoner. May Li plongea la main dans son sac vernis et pressa une touche sur son minuscule Motorola. Sur l'écran, un combiné se mit à clignoter. À l'instant où l'icône se stabilisa, une sonnerie retentit de l'autre côté de la porte.

Wang tambourina. « Monsieur Chiang, c'est moi, ouvrez ! » May Li et Wang entendirent un bruit de serrure que l'on déverrouille puis celui d'un loquet que l'on tire. Enfin, la porte s'entrebâilla.

« Je sais que c'est vous mais vous deviez venir seul ! » Un visage jauni comme un vieux papier apparut à contre-jour, ses traits étaient ceux d'un homme ayant depuis longtemps perdu le sommeil. Monsieur Chiang était manifestement terrorisé.

Passant le canon d'un pistolet dans l'embrasure de la porte encore maintenue par une chaîne de sécurité, Chiang pencha son arme vers May Li : « C'est qui, elle ? »

« Monsieur Chiang, calmez-vous, vous ne risquez rien. C'est ma nièce, elle fait un stage au journal. » La porte se referma brutalement.

« Monsieur Chiang, voulez-vous que nous repartions ? » susurra May Li d'une voix d'écolière.

« Entrez, je suis sincèrement désolé, je suis sur les nerfs en ce moment ! » Un homme hagard, cheveux hirsutes, chaussé de tongues et vêtu d'un pyjama tartan se tenait devant eux.

« C'est moi qui suis navré, Monsieur Chiang, j'aurais dû vous prévenir que je serais accompagné ! » Visiblement à bout de forces, Chiang faisait peine à voir. Son bras pendait sous le poids de son arme. En vrais professionnels, Wang et May Li identifièrent instantanément un Walter P 38, calibre 9 mm.

« Je vous en prie, soyez les bienvenus ! » Chiang posa son revolver sur un guéridon et invita le couple à le suivre. Face à la porte d'entrée, un escalier en chêne montait vers le premier étage. À droite des marches, un couloir menait au salon. En cette fin d'après-midi orageuse, une lumière ardoise tamisait la pièce. Un papier à fleurs, une cheminée de pierre, une table basse, un canapé tabac, deux ou trois bibelots composaient un morne décor.

« La route a dû être longue ! Asseyez-vous ! Vous prendrez bien un petit quelque chose ? Un thé ? » Monsieur Chiang ne devait pas être bien vieux mais ses pommettes, ses paupières et ses lèvres tombaient comme celles d'un bouledogue.

« Merci, c'est parfait. Ma nièce prendra la même chose ! » répondit Wang.

« Je mets l'eau à bouillir ! En attendant, vous pouvez jeter un coup d'œil, l'ordinateur est sous la table ! » Chiang se retira dans la cuisine attenante. Aussitôt, Wang se pencha sous le plateau d'acajou. Un portable était posé sur la moquette à côté d'une pile de *National Geographic*. Tentant de maîtriser son impatience, Wang débrancha une petite lampe puis enfonça la prise d'alimentation dans le secteur. Ouvrant l'appareil, il appuya sur la petite touche rouge de mise sous tension. Le ventilateur se mit à ronronner dix secondes avant que la bouilloire ne siffle. L'écran s'éclaira. Le disque dur baptisé « Sun Yat Sen », le programme de navigation Internet et un dossier intitulé : « Orient Rouge » apparurent successivement. Lorsque Chiang arriva, portant un plateau laqué noir et or, Wang reposa l'ordinateur et sourit.

« Voilà du thé comme chez nous ! Vous savez, c'est difficile de trouver du jasmin ici, Oncle Ho m'en envoie mais il n'est pas toujours très frais en arrivant ! » Chiang avait repris figure humaine. Soulevant délicatement la théière en terre cuite, il versa une grande rasade de liquide jaune dans des tasses aux armes de la Colombie britannique.

« Merci Monsieur Chiang ! C'est très aimable à vous de nous recevoir ! » La « nièce » s'inclina respectueusement afin de remercier leur hôte et tendit une tasse fumante à son « oncle ».

« Mademoiselle, vous parlez un mandarin impeccable ! » Chiang était agréablement surpris de voir que la jeune fille, probablement née à l'étranger, maîtrisait parfaitement la langue de ses ancêtres.

« Oh Merci Monsieur ! J'ai grandi à Portland mais j'ai fréquenté l'école chinoise ! » En présence d'hommes plus âgés qu'elle, May Li n'avait aucun besoin de se forcer pour jouer les poupées obéissantes.

« En tout cas, je vous félicite, on dirait que vous êtes née sur le continent ! » Chiang se sentait en confiance : cette famille lui rappelait la sienne. Plaçant le portable sur ses genoux, il cliqua deux fois sur le dossier « Orient Rouge » afin de l'ouvrir. Un document réalisé à partir d'un tableur s'afficha. En pressant sur une flèche orientée vers le bas, Chiang fit défiler le listing. Ses invités ne quittaient pas l'écran des yeux.

« Tout y est : noms, prénoms, fonctions, date, montant, numéro de compte, codes swift ! » Chiang ferma le dossier et sélectionna le dossier « Orient Rouge » qu'il fit glisser dans la « corbeille » logée en bas, à droite de l'écran. Un DVD s'éjecta automatiquement. Chiang saisit délicatement le disque et, de sa main restée libre, il sortit un film plastifié de sa poche de pyjama. Il inséra le disque dans la pochette puis le tendit à Wang, ajoutant : « Je vous confie ma vie ! »

« Merci pour votre confiance » répondit Wang en rangeant l'objet dans la poche intérieure de son veston.

« N'essayez surtout pas de le copier, le fichier est protégé et cela détruirait son contenu ! Bien entendu, il n'existe aucune copie de ce document ! La version conservée dans mon ordinateur ne peut pas être ouverte par un programme commercial. » En songeant qu'il n'était plus seul à porter ce terrible secret, Chiang éprouva une agréable sensation de légèreté.

« Nous ferons exactement ce que vous nous avez indiqué, Monsieur Chiang, l'article paraîtra dans l'édition de jeudi matin. » Chiang se dit que le cauchemar était sur le point de s'achever. Je vais bientôt me réveiller, en plein soleil, ma femme et mes enfants seront à mes côtés.

« Avec votre permission, je peux vous demander le chemin des toilettes ? » dit timidement May Li. Totalement absorbé par ses pensées, Chiang ne songea pas à répondre tout de suite. Serrant son sac à main contre sa hanche, May Li était déjà en train de gravir les marches de l'escalier lorsque Chiang se ressaisit : « Pardon, c'est à l'étage, la deuxième porte à gauche. »

« Monsieur Chiang, lorsque votre beau-frère m'a dit que vous souhaitiez nous confier l'exclusivité, j'ai eu du mal à y croire. Le *Vancouver Star* traite surtout de sujets locaux. Je ne comprends pas pourquoi vous n'avez pas contacté le *Washington Post* ou le *Los Angeles Times.* » Très bon acteur, Wang paraissait sincère.

La jeune femme ouvrit la première porte donnant sur une chambre puis la troisième débouchant sur un débarras afin de vérifier que les pièces étaient vides et elle pénétra dans celle du milieu. Les toilettes étaient dans la salle de bains. Tant mieux, se dit-elle en verrouillant la porte. Au rez-de-chaussée, la conversation se poursuivait.

« Pékin a acheté l'Amérique du Nord ! Le Canada, les États-Unis sont à eux ! Et il n'y a pas que les politiciens, les médias eux aussi sont corrompus. Ils les ont appâtés avec des voyages, des cadeaux. À présent, beaucoup d'hommes d'influence sont directement rétribués. Si j'avais déballé mon sac devant un de ces pontes, j'avais une chance sur deux d'y passer ! »

La salle de bains était éclairée par deux spots encadrant un miroir placé au-dessus du lavabo. Elle sortit de son sac une ampoule et une seringue qu'elle posa sur le rebord.

« Mais que risquons-nous à publier une telle bombe ? » Feignant d'attendre la réponse, Wang finit le contenu de sa tasse et la reposa devant lui.

« Rien. Vous ne risquez rien. Une fois l'information publiée, Pékin ne pourra plus rien faire. On écrase un mégot de cigarette, pas un feu de forêt. Ils vous traiteront de menteur, de raciste, de fauteur de guerre, que sais-je encore mais peu importe, il sera trop tard. »

Chiang se sentait comme lavé de tout le stress accumulé ces dernières semaines.

À l'étage, May Li décacheta l'étui en plastique dans lequel était rangée l'aiguille stérile qu'elle vissa sur la seringue. Puis elle cassa une extrémité du tube de verre.

« Vous souhaitez que l'on vous cite ? » Wang continuait de donner le change.

La jeune femme plongea l'aiguille dans le liquide et l'aspira intégralement.

« Bien sûr que vous devez me citer ! Une fois mon nom publié, ils n'oseront plus me toucher ! » La seringue était à moitié pleine. May Li donna deux pichenettes sur le réservoir afin de faire remonter la bulle d'air puis elle pressa très légèrement la gâchette : quelques gouttes furent projetées dans le lavabo. Elle replaça délicatement la seringue au fond de son sac. Avant de redescendre, elle tira la chasse d'eau et fit couler le robinet.

« Vous rentrez souvent au pays ? » demanda Chiang enjoué.

« Vu le prix du billet, pas aussi souvent que je le voudrais ! » répondit Wang tout sourire lorsqu'il vit sa collègue réapparaître dans le salon.

« Avec l'argent que mon scoop va vous faire gagner, vous pourrez vous payer tous les voyages que vous voudrez ! En attendant, je vais faire bouillir encore un peu d'eau ! » Chiang se redressa.

« Laissez-moi vous aider, Monsieur Chiang », insista la jeune fille tout en suivant son hôte dans la cuisine. Chiang déposa le plateau près de l'évier en émail. Il ne vit pas la jeune femme sortir la seringue de son sac et s'approcher de lui.

Tournant le robinet, il tendit son doigt sous le mince filet d'eau tiède. Ce fut comme si on l'avait frappé avec un poignard au niveau de l'omoplate. La douleur fut si aiguë qu'il ne put même pas émettre un cri. Suffoqué, il sentit le feu se répandre dans son dos. Sa vision se brouilla. Chiang tomba lourdement sur le sol. Le couple hissa le corps sur le plan de travail. La tête heurta le fond de l'évier.

« Ramène le matériel ! Je vais chercher des serviettes ! » Wang commençait à ouvrir les placards.

Lorsque la jeune fille revint déposer un lourd sac de marin sur le sol de la cuisine, Wang avait déjà branché une lampe près de l'évier afin d'éclairer le corps. Les deux officiers vidèrent le contenu du sac sur le linoléum : cordes, bistouris et scie de chirurgien, trépied et caméra vidéo. « Tu veux le faire ? » demanda Wang.

« C'est comme vous voulez ! » répondit la jeune fille. Elle mentait car torturer un homme à mort n'est jamais facile surtout lorsqu'il vient de vous servir une tasse de thé encore tiède. Simplement le lieutenant de la

Guoanbu[7] ne voulait pas que le rapport qu'allait rédiger son supérieur mentionne la moindre faiblesse. Le commandant Wang la laissa filmer pendant qu'il faisait la sale besogne.

Mer de Chine du Sud, large du Guandong, 11 000 mètres d'altitude

Les conditions météo étaient idéales et l'avion survolait une mer de nuages. Le bimoteur avait décollé de Taipeh à 6 heures 40, heure locale, destination : Singapour. Comme chaque année, la cité-État accueillait deux associations, l'une chinoise et l'autre taïwanaise. Officiellement, la rencontre des deux délégations n'aurait qu'un caractère privé. La conférence informelle était en réalité un authentique sommet et les dirigeants associatifs, des diplomates dûment accrédités. Cela faisait de nombreuses années que les deux Chine jouaient ainsi à se mentir mais la fable prenait un tour de plus en plus dramatique. Ainsi, le Fokker T 31 affrété par la Fondation pour la coopération dans le détroit transportait en fait le chef de l'État Taïwanais accompagné d'une poignée de négociateurs triés sur le volet. Le mobilier de bord reflétait la prospérité de l'île. De larges fauteuils disposés face à face créaient une atmosphère de salon. Les sièges étaient équipés de tablettes en merisier avec fax, téléphone et console vidéo incorporés. Le soleil levant baignait la cabine d'une lueur orange si intense que Lee avait rabattu le volet de son hublot. La nuit avait été courte et il espérait grappiller quelques heures de sommeil avant d'entamer ce qui se présentait comme la négociation de sa vie. La partie qui allait se jouer à Singapour promettait d'être particulièrement serrée.

Depuis trois semaines, le continent avait lancé une série de manœuvres navales et aériennes. Les exercices militaires avaient pour effet d'interrompre tout trafic aérien et maritime dans le détroit. Depuis un mois donc, Formose subissait un blocus de fait, c'est-à-dire un acte de guerre. Toutes les options ouvertes à Taïpeï ressemblaient à des impasses : violer l'interdiction chinoise et risquer l'incident, contre-attaquer et déclencher un conflit ou attendre que les manœuvres cessent avant l'asphyxie totale de l'île.

« À votre avis, Lee, ils bluffent ou pas ? » La question du chef de l'État tira brusquement le jeune diplomate de sa somnolence.

« Monsieur le Président, ils ne déclencheront jamais d'eux-mêmes les hostilités, ils ont trop à y perdre ! » Il y avait un air sévère chez le président Teng. Son port de tête et sa nuque raide évoquaient une version mandchoue du fermier d'*American Gothics*[8].

« Soit, mais alors, comment expliquer que les Américains aient la trouille ? Ils n'ont qu'à gesticuler comme en 1996 ! Il leur suffirait de monter un pont aérien pour lever le blocus. Pour eux, ce serait un jeu d'enfant. Je me trompe, Monsieur Lu ? »

Natif de l'île, Teng était un homme honnête. Durant toute la campagne, il avait mis en garde ses partisans contre la tentation de déclarer l'indépendance, considérée par Pékin comme un *casus belli* mais il avait également juré de ne jamais violer la souveraineté de son peuple.

« Monsieur le Président, d'un point de vue technique, vous avez parfaitement raison : c'est tout à fait à la portée des Américains mais le vote de l'Assemblée populaire, plaçant notre espace aérien sous leur souveraineté, les a apparemment refroidis. » Lu Yimin, expert au ministère de la Défense, ne portait que des chemises aux cols bien amidonnés. Il évitait autant que possible de prendre position. Non seulement parce qu'il détestait avoir tort mais parce qu'avoir tort, dans ce cas précis, coûterait la vie à des millions d'innocents.

« Monsieur le Président, je crois que les Américains n'interviendront pas. Tenons-nous aux faits et rien qu'aux faits : l'APL est en état d'alerte maximale, 400 000 Juan Tou[9] attendent l'arme aux pieds. Les Américains nous ont confirmé que leurs DF 15 et DF 11, dont je vous rappelle que les rampes de lancement mobiles peuvent être déplacées et démontées en moins de trente minutes, ont été placés en alerte maximale. » Voilà bien longtemps que le général Song s'était fait à l'idée que la mort faisait partie des coûts engendrés par la guerre. Mais chez ce calculateur froid, les coûts n'étaient tolérables qu'à la condition qu'ils demeurent inférieurs aux gains.

« Mais vous ne voyez pas que c'est du bluff ! » Vieille carne, pensa Lee : les faits sont peut-être têtus, ils sont surtout muets.

« Restons sérieux, jeune homme, vous pensez que l'on déploie 35 frégates, 15 contre-torpilleurs, 60 vedettes lance-missiles, 2 000 chars T 72 et que l'on fait voler jour et nuit 500 hélicos Kamov, et 600 Sukkoïs 27[10] juste pour bluffer ? Allons ! Qui bluffe à la fin, eux ou nous ?

En résumé, nous n'avons ni la maîtrise du ciel, ni celle des ondes, encore moins celle des océans. J'ajoute que contrairement à nous, ils voient ce qui se passe du ciel ! »

Cet officier supérieur ne goûtait que très modérément la contestation. Mais qu'un gamin arrogant se croie en droit de le réfuter était assimilable à un affront.

« Général, je vous concède que nos forces sont numériquement inférieures aux leurs mais nos armes sont plus sophistiquées. Quant aux satellites, nous avons ceux des Américains ! » Aux États-Unis, Lee avait appris bien des leçons mais la plus importante était que les seules batailles que l'on est certain de perdre sont celles que l'on choisit de ne pas livrer.

« Parlons-en des Américains ! Ils nous avaient promis des Patriots, un Awacs et des hélicoptères antisous-marins S-70C ! Où sont-ils ? Ils ne nous ont rien livré, rien ! N'est-ce pas un message assez clair de leur part ? » Le général Song avait bien tenté de dissuader le président d'associer ce tendron à une négociation aussi délicate mais l'esprit de Teng n'était pas moins intoxiqué par l'Amérique que celui de son jeune protégé. Décidément, les États-Unis allaient tous les perdre.

« J'admets que la dimension proprement militaire m'échappe. Mais si je suis sûr d'une chose, c'est qu'ils ne peuvent pas nous envahir sans essuyer de très lourdes pertes. Un débarquement serait un carnage. Pour eux, c'est tout à fait inacceptable ! » La rhétorique était une forme de guerre. Lee continuerait jusqu'à épuisement complet des arguments.

« Mais vous plaisantez mon jeune ami, vous n'avez jamais entendu parler de la longue marche, de la révolution culturelle, de Tien An Men ? Lorsqu'il s'agit de verser le sang, les mains d'un communiste ne tremblent jamais ! » L'officier supérieur était hors de lui, sa jugulaire, prête à se rompre.

« Mais vous imaginez les conséquences économiques d'un bain de sang ! N'oubliez pas que leurs enfants dirigent les sociétés les plus lucratives de la China INC[11] ! Général, vous négligez totalement l'aspect intérieur de cette affaire. Le gouvernement de Zemin n'a ordonné le blocus que parce qu'il craint le clan Rongji. À Shanghai, des manifestants réclament des hausses de salaire. C'est vieux comme le monde, une petite crise et Zemin aura étouffé tout mécontentement ! » Quel crétin, songea Song. Ces jeunes loups méprisent la tradition sous prétexte qu'il faut apprendre à penser par soi-même. Or, ils ne sont bons qu'à réciter leurs manuels.

« Mais qu'est-ce qu'ils vous ont appris à Harvard ? Un animal blessé, cela mord ! C'est précisément parce qu'il est aux abois qu'il est prêt à tout. S'il perd la face dans le détroit, Zemin est fini. Rongji attend son heure. S'il arrive au pouvoir, il lâchera du lest, qui sait s'il n'ira pas jusqu'à organiser des élections ? Le parti communiste n'y survivrait pas. Et c'est sans compter sur le risque d'éclatement, le Fujian[12] et le Guangdong ont plus de dix mois de retard dans le versement des taxes. Zemin ne bluffe pas ! » Les yeux de Song flamboyaient de colère.

« Général, je crois que vous avez raison, cette fois-ci le continent ne plaisante pas. Or, quoiqu'il arrive, je ne ferai jamais couler inutilement le sang de nos compatriotes ! Mais je dois rester fidèle à mon mandat. J'ai promis de tout faire pour défendre notre liberté et je ferai tout. Les réactions de Washington ne sont guère encourageantes. Mais qui sait ? Les États-Unis finiront peut-être par honorer leur engagement ? Il serait d'ailleurs stupide d'abattre notre jeu alors qu'il nous reste des cartes. » C'est à ce mélange de détachement et de fermeté qu'instinctivement on reconnaît un chef. Il pose des questions pour mieux trancher. Il doute pour mieux raffermir ses convictions. La religion de Teng était déjà faite.

« Messieurs, je vous propose à présent de prendre un peu de repos, une dure journée nous attend ! » Le président taïwanais inclina le dossier de son siège et fit un signe au steward. Ce dernier appuya sur une télécommande et les premières notes du concerto pour flûtes et harpes de Mozart commencèrent à emplir la cabine.

Le sergent Chen poussa du coude son collègue : « Ah ça casse les oreilles leur truc ! » Puis il retira son casque et le tendit à l'adjudant Peng. « Tu me remplaces ! » Mozart ne faisant pas partie des sélections du karaoké de la base, le soldat faisait déjà la grimace. « T'as raison, c'est vraiment ringard ! »

Le sergent pointa son doigt sur l'équalizeur sonore dont l'aiguille oscillait très légèrement : « Quand tu vois que le son se déforme, corrige les basses, sinon on va encore se faire remonter les bretelles ! Bon j'vais m'en griller une ! » Puis il sortit allumer sa cigarette sur la pelouse du complexe radar de Stonne Cutter[13] abritant le centre d'écoutes de l'Armée populaire de libération.

Pékin, Siège du secrétariat de la Sécurité nationale

Depuis cinquante minutes, le spectacle diffusé par le petit téléviseur était à la limite du supportable. Pendant certaines scènes, le responsable du service action de la Guoanbu ferma les yeux. Quant au colonel Tian, le directeur du secrétariat de la Sécurité nationale, il se demanda combien de temps encore il pourrait tenir. Sur l'écran, le commandant Wang dégaina son arme de service et acheva le martyr d'une balle en pleine nuque. Pour le petit comité admis à la projection, ce fut un immense soulagement. Un planton éjecta finalement la cassette du magnétoscope. Un seul détail distinguait l'interminable film d'horreur des plus sanglantes productions hollywoodiennes : ce n'était pas un film.

« Il est évident que nous avons récupéré l'unique version ! » soupira le chef du service action.

« Je suis d'accord, n'importe quel être humain aurait avoué ! » approuva le directeur.

« L'essentiel, c'est que la cible ait pu être neutralisée à temps. Beau travail, Colonel ! Vous féliciterez vos hommes de ma part ! » Les yeux mi-clos derrière ses lunettes en écaille, le Premier ministre semblait n'éprouver aucune émotion.

Pékin, Assemblée populaire, Commission des affaires étrangères et de la défense, audition du Premier ministre

Les réunions à huis clos au sein de la prestigieuse Commission des affaires étrangères et de la défense se déroulaient d'ordinaire dans un climat beaucoup plus feutré. Mais la décision prise par le gouvernement de Jiang Zemin de prolonger pour une durée illimitée les manœuvres dans le détroit avait fourni aux opposants le prétexte rêvé pour lancer leur attaque. Les réformistes avaient trouvé dans l'amiral Zhang Li, chef d'état-major de l'APL, un allié de poids pour contrer le clan de Jiang.

« Monsieur le Premier ministre, ce blocus est une pure folie. Si les Américains interviennent, ils vont nous tailler en pièces. Leur force de feu est bien supérieure à la nôtre. Les pierres cassent toujours les œufs ! » Qiu, élu du Guandong, était un agent d'influence du maire de Shanghai et par conséquent un adversaire farouche du Premier ministre.

« Le camarade député Qiu a raison, qu'est-ce qui nous dit que le Président américain ne bougera pas ? En 1996, Clinton avait bien envoyé deux porte-avions dans le détroit ! » Rong Yi-Min était le seul représentant de l'intérieur du pays à soutenir les réformateurs, essentiellement implantés dans les provinces côtières.

« Monsieur le Premier ministre, je crois résumer le sentiment général en exprimant mes doutes quant au bien-fondé des mesures ordonnées par votre gouvernement. Qu'adviendra-t-il si les États-Unis contournent le blocus ? »

Comme toujours, l'estocade était portée par Zhu Rongji, le chef des réformateurs.

« Ils ne le contourneront pas ! » La réponse tomba comme une hache.

Shaoqui se ressaisit immédiatement : « Et s'ils interviennent militairement ? »

« Ils n'interviendront pas ! » martela le chef du gouvernement. Puis, marquant une pause, il poursuivit : « C'est pour moi toujours le même étonnement de constater que certains, censés guider le peuple, montrent moins de discernement que lui. Les Chinois savent bien que nous n'avons pas d'autre choix que d'étouffer le vent sécessionniste dans le détroit. Après Hong Kong, après Macao, Taïwan est la dernière terre chinoise échappant à notre souveraineté. Nous avons rétabli nos droits face aux Britanniques et aux Portugais, il serait tout de même incroyable qu'un régime fantoche nous arrête ! »

« Monsieur le Premier ministre, en tant que chef d'état-major, il est de mon devoir de vous rappeler que les forces dont nous disposons aujourd'hui ne nous assurent qu'une supériorité relative. Nous savons ce qu'il a coûté à la Chine pour les acquérir. Si les États-Unis interviennent, elles seront pulvérisées, tous nos efforts partiront en fumée ! »

« Amiral, je ne doute pas de votre patriotisme mais il se trouve que c'est moi qui ai modernisé les Juan Tou ! C'est mon gouvernement qui a acheté les SS 18[14] ayant permis de cibler les États-Unis ! Je ne jouerai pas le fruit de tant d'efforts sur un coup de dés ! »

« Monsieur le Premier ministre, nous serions très curieux de savoir pourquoi vous êtes si sûr que les États-Unis ne contourneront pas le blocus ? »

« Pour des raisons que je ne suis pas en mesure de vous révéler car elles tiennent à la sûreté de l'État. Mais je peux vous garantir que jamais il n'ordonnera la moindre action hostile à notre égard. »

« Parce que vous estimez que la présence d'un porte-avion à moins de 1 500 nautiques du détroit ne constituent pas une action hostile ? » À l'évidence, l'amiral Zhang demeurait sceptique.

« Le Président doit compter avec son opinion. Il ne peut pas rester les bras croisés. Mais je peux vous assurer qu'il ne bougera pas le petit doigt pour sauver Taïwan. D'ici deux mois, la province rebelle sera à genoux et nous suppliera de devenir la vingt-septième région chinoise. La priorité de Mao aura été de nourrir la Chine, celle de Deng, de l'enrichir, la nôtre sera de la réunifier ! Nous sommes sur le point d'y parvenir sans même avoir besoin de verser une goutte de sang. » D'ordinaire impassible, Jiang Zemin frissonnait d'orgueil.

Washington, Maison Blanche, aile Est

Son incapacité à observer plus de trente secondes la même image avait valu à ce proche conseiller du Président de multiples surnoms à la Maison Blanche. En retournant dans le privé, Richard Summer se disait que donner des cours de visionnage rapide serait probablement un bon filon. À force de zapper, Dick commençait à ne plus sentir son index.

CNN : « Comme vous le voyez derrière moi, les Sukoï de l'armée chinoise décollent sans arrêt depuis la presqu'île. C'est à un ballet aérien ininterrompu auquel nous assistons depuis ce matin… »

BBC World : « La crise de Taïwan ! Dans quelques instants, un flash spécial sur le point le plus chaud de la planète ! »

ABC : « Ici, à Taipeh, les manifestants sont de plus en plus nombreux devant le bureau de liaison[15] américain. Les slogans accusent le Président de trahison. À l'évidence, ici, on ne comprend pas l'indécision du gouvernement américain. »

Bloomberg TV : « La bourse de Taipeh enregistre une nouvelle chute pour ce premier jour de cotation après trois semaines de fermeture. Dans les milieux bancaires, des rumeurs font état d'une invasion imminente. »

CBS : « Les rayons des magasins sont vides, il n'est plus possible de trouver ni sucre, ni riz dans les ports du Fujian. La population stocke des vivres en prévision d'une attaque. »

NHK : « La séance des questions au gouvernement fut une fois de plus houleuse. Le cabinet a été malmené par l'opposition qui critique sa décision d'interdire aux forces américaines d'utiliser l'ancienne base d'Okinawa. Le Premier ministre a laissé entendre que le Japon avait tout intérêt à attendre pour voir ce qui allait sortir de la crise ! »

Joe était en train de s'adonner à son sport favori lorsque l'une des touches du poste interne de la Maison Blanche se mit à clignoter. L'écran indiquait que l'appel émanait de la NSA[16].

« Allo, ici Summer ! »

« Matt Gallaway en ligne, de l'interception réseaux. Monsieur, nos gars ont mis la main sur un truc pas banal sur le Net. Vous devriez jeter un œil. » Dans ce nid de vipères qu'était la NSA, Gallaway était un allié de poids. Il n'occupait pas un poste très élevé mais sa loyauté à l'égard du Président était à toute épreuve.

« Écoutez Matt, j'espère que ce n'est pas une blague parce qu'en ce moment, on a autre chose à faire que de se rinçer l'œil ! » Gallaway avait bel et bien découvert une information importante sinon il ne se serait pas permis de le déranger.

« Si j'étais vous, je me connecterais toutes affaires cessantes : c'est le htt//www. Orientrouge. com ! » Cela devait être bougrement important pour qu'un fonctionnaire se montre aussi péremptoire avec un membre de l'exécutif.

« OK, salut ! » Summer raccrocha sans autre formalité. La grossièreté est une marque de pouvoir, du moins telle était la leçon que son patron lui avait apprise. Il appuya de nouveau sur la touche de changement de chaîne de la télécommande et pianota sur l'écran incrusté dans le noyer de son bureau : htt//www. Orientrouge. com.

« Nom de Dieu ! » En apercevant sur un site accessible à la terre entière l'information que le Président et son cercle le plus restreint de collaborateurs cherchaient par tous les moyens à dissimuler au microcosme de Washington, Summer crut qu'il allait s'évanouir. Sous ses yeux écarquillés, était en train de défiler la liste complète des tycoons et trafiquants chinois ayant financé l'élection de son patron. Tout y était, même les numéros des sociétés écrans qu'ils avaient utilisés et ceux des comptes des divers établissements financiers par où les fonds avaient transité. Cet immense flot d'argent remontait à une seule et même source : Pékin.

Base des troupes de choc de l'APL, province du Fujian

L'information n'avait pas été publiquement divulguée mais la base était trop près du théâtre d'opérations pour que les soldats ne sentent pas la poudre. D'ailleurs, ce soir, les officiers s'étaient montrés particulièrement nerveux. Lors de la revue de paquetage, le chef de section n'avait pas ouvert la bouche. Chang et ses camarades se doutaient de quelque chose.

« Eh mec, il paraît que les Américains ont coulé un des nôtres et qu'on s'apprête à leur botter les fesses ! »

« Écoute vieux, ce genre de trucs, nous on n'y connaît rien ! »

« C'est un gars de la Douze qui sert aux mess qui a entendu ça, paraîtrait même que l'attaque serait pour ce soir ! »

« Arrête de déconner, ça fait plus d'un mois qu'on nous dit : on va y aller, on est sur le point d'y aller, on y va et puis à la dernière seconde, ils annulent tout ! Résultat : cela fait deux mois qu'on dort avec nos rangers ! »

« Moi, je vais vous dire, tout ça, c'est des conneries, les huiles à Pékin veulent pas qu'on aille au casse-pipe. Vous êtes des bleus, moi, ça fait quatre ans que je rempile dans les Juan Tou, alors, je vais vous dire, j'la connais leur musique ! »

« Non, Chang a raison, mon cousin est au parti et il a entendu dire que les Américains ont bombardé une usine à 30 kilomètres ! »

« En tout cas, j'espère que c'est de la foutaise, parce qu'en face, ils ont de quoi nous attendre ! »

« Bon sang, Chen, tu vas tout de même pas avoir peur des Amerloques. T'es chinois ou pas ? »

Au même instant, la sirène d'alerte se mit à hurler. Les soldats occupant des lits surélevés se jetèrent sur le sol, les autres bondirent sur leurs pieds. Les gestes répétés des milliers de fois étaient devenus des automatismes, si bien que le stress, loin de ralentir leur mouvement, les rendait plus rapides. Enfilant leur veste de combat, empoignant casque lourd, paquetage et AK 47[17], vingt secondes plus tard, tous couraient à en perdre haleine.

Les haut-parleurs braillaient : « Attention, ceci n'est pas un exercice, rejoignez immédiatement les véhicules amphibies ! Je répète : ceci n'est pas un exercice, rejoignez immédiatement les véhicules amphibies ! »

Il faisait sombre dans la cour de la caserne. Les soldats s'alignaient à leur place habituelle, derrière leur chef de section. Dès qu'un commando était complet, l'officier conduisait son groupe au quai d'embarquement. La section de Chang fut l'une des toutes premières formées.

Il suivit le troupeau qui s'engouffra en colonnes par quatre dans le ventre de l'aéroglisseur numéro 1237. Les parois fraîchement repeintes avec un revêtement furtif commençaient à s'écailler, attaquées par le sel et malmenées par les trop nombreux exercices. Dans les interstices du plancher métallique, à fond de cale, on discernait des masses sombres et imposantes : des chars lourds T 72.

L'aéroglisseur pouvait en embarquer dix. Heureusement, les monstres d'acier sortiraient en premier. Les turbines se mirent en marche et Chang sentit le bâtiment se soulever à mesure que les pneumatiques se remplissaient d'air. Un vacarme assourdissant satura l'embarcation. Plaqués contre les parois, le souffle court, les hommes se tenaient aux poignées. Le véhicule s'ébranla et, sans savoir pourquoi, le fusilier marin Chang comprit qu'il ne reviendrait pas.

Îlot de Quemoy, base avancée du 3e corps des marines

De son PC de campagne, le lieutenant-colonel Flynt contemplait avec satisfaction le boulot accompli par ses hommes. Les terrassiers du génie avaient non seulement déblayé tous les gravats, tanks calcinés, barges de débarquement à demi fondues sous l'effet des bombes thermiques, restes humains sédimentés mais ils avaient totalement aplani la terre crevassée par les bombardements. Quelques heures auparavant, le site était encore un champ de désolation. Depuis, les pelleteuses avaient effacé la moindre ride. Le sol était si lisse qu'avec beaucoup d'engrais, quelques averses et un peu de patience, la finale du SuperBowl aurait pu s'y disputer. En attendant que la piste soit complètement aménagée, les hélicos avaient trouvé le toit d'un bunker. Tels de gros bourdons, les Apaches[18] se posaient et redécollaient, larguant caisses et tubes d'aluminium. Fourmis disciplinées, les marines formaient d'immenses colonnes afin d'acheminer les matériaux de construction. Le colonel jeta un coup d'œil à sa montre et se dit qu'ils seraient dans les temps. L'aéroport serait achevé d'ici demain 11 heures. Quemoy était exposé plein ouest, ce fut l'un des points les plus ravagés par les combats. C'est là que le gros des troupes chinoises avaient tenté de débarquer, c'est là qu'elles avaient été écrasées par la précision démoniaque des munitions intelligentes de l'artillerie US. Combien y avait-il de morts sous ses pieds ? Dix mille, cent mille ? On ne saurait sûrement jamais.

« Colonel, le général Clark pour vous ! » Son officier de transmissions qui lui tendait la radio était comme lui originaire de Brooklyn.

« Allô Flynt, ça avance vos travaux ? Vous serez prêts dans les temps ? Je vous rappelle que le vice-président arrive la semaine prochaine, tout doit être nickel ! » Le prestige des États-Unis était pleinement rétabli dans la région. Au troisième jour des combats, les Japonais avaient finalement levé leur interdiction de mouillage. Dès les premières heures de la guerre, avec l'aide de l'US Air-Force, les forces taïwanaises avaient pris le contrôle des airs et ne l'avaient plus cédé. L'essentiel de la flotte chinoise avait été envoyé par le fond et les troupes coups de poing avaient été laminées. La seule fausse note dans ce requiem était que Pékin n'avait toujours pas demandé d'armistice. La partie ayant été donc gagnée par KO, l'adversaire était sûrement trop sonné pour réclamer l'arrêt du combat.

« Mon général, les marines tiennent toujours parole ! Air Force One[19] atterrira sur un billard ! » Attiré par un étrange sifflement, le colonel leva les yeux au ciel. Mais il n'y avait rien d'autre au-dessus de sa tête qu'un énorme cumulus. Pourtant, le bruit se rapprochait mais l'officier n'eut pas le temps d'apercevoir le DF 11 perforer le nuage et s'abattre 20 kilomètres au nord. L'explosion produisit une boule de feu plus brillante que le soleil qui en se dilatant et en se refroidissant instantanément diffusa une violente lumière ultraviolette et infrarouge. Flynt fut simplement aveuglé par un flash et il ferma les yeux.

Lorsqu'il les rouvrit, on aurait dit que le ciel avait été maculé de sang. L'horizon était rouge vif. La boule de feu hautement pressurisée se mit alors à se détendre. Un vent brûlant se mit à souffler puis un formidable coup de tonnerre retentit. Le colonel vit alors la scène qu'il avait toute sa vie redoutée : une muraille de fumée grise s'éleva dans les airs, s'arrondissant et s'élargissant peu à peu.

« Allô colonel, colonel, répondez ! » Depuis le PC de Taipeh, le général Clark cherchait désespérément à comprendre pourquoi la liaison venait d'être coupée, lorsqu'un capitaine de l'Air Force posa une main sur son épaule.

« Mon général, on a un code rouge[20], ne restez pas là ! »

IV

Cauchemar au Cachemire

« Si une guerre éclate, le Pakistan cessera d'exister. »

Lal Krishna Advani, ministre de l'Intérieur de l'Union indienne, mai 1999.

« Si sa sécurité est menacée, nous ne permettrons pas au Pakistan de mourir. »

Général Pervez Moucharraf, le 4 janvier 2000, en réponse à une question de CNN sur les conditions d'emploi de l'arme nucléaire.

La guerre glaciale

Avril 1990, les satellites américains détectent une concentration de troupes sur la frontière indo-pakistanaise. Dans le désert du Thar, plus d'un demi-million d'hommes se font face. Les images révèlent également une intense activité autour de la centrale nucléaire de Kahuta : les Indiens préparent leurs missiles. De l'autre côté, les pilotes pakistanais attendent dans leur cockpit. Sous leurs bombardiers, de quoi déclencher plusieurs Hiroshima. Dans l'urgence, le président Bush dépêcha sur place Robert Gates, directeur-adjoint du Conseil national de sécurité. Lors d'un voyage de la dernière chance, l'envoyé obtint des Pakistanais l'annulation des frappes préventives qu'ils s'apprêtaient à lancer. « Les deux pays semblaient pris dans un engrenage dont ils ne pouvaient plus sortir. J'étais convaincu que, si une guerre éclatait, elle serait nucléaire », confie aujourd'hui l'émissaire. Cette année-là, ils auraient été des millions à ne pas voir la mousson.

Liaisons dangereuses

Des trois guerres qu'Islamabad et Delhi livrèrent depuis 1948, deux avaient le Cachemire pour enjeu. En 1990, c'est pour la même raison que le sous-continent se retrouva à apocalypse moins une minute. Tous les ans, à la fonte des neiges, la crise se réchauffe. Chaque printemps, des coups de mortier partent, des accrochages ont lieu. Quatre ou cinq morts, la routine. Le 3 mai 1999 : un berger indien signale des étrangers près d'un col. L'ennemi s'était infiltré en masse et en profondeur. Le 14 mai, Kargil, ville de douze mille habitants, est évacuée. Les positions seront reprises une à une, au lance-flamme. Le 11 juillet, les états-majors signent un cessez-le-feu. Un accrochage entre puissances nucléaires n'est jamais anodin. Mais les stratèges soulignent que l'Inde et le Pakistan n'ont aucune raison de se vitrifier pour une poignée de hameaux d'altitude. D'ailleurs, loin d'exacerber le conflit, la présence d'armes atomiques semble l'avoir canalisé. Il est vrai qu'Indiens et Pakistanais se tiennent en respect grâce à une impressionnante armada. L'Inde se méfie du Pakistan, les opinions se détestent, les diplomates froncent les sourcils. Mais la crainte de l'hiver nucléaire réchauffe leurs relations. 10 décembre 1990, un téléphone rouge est installé. On se parle. Printemps 1998, procédant simultanément à une série d'essais, les gradés s'informent. On ne se quitte plus. Le 21 février 1999, les parties conviennent qu'après chaque essai, « tout incident non autorisé ou inexplicable » sera signalé. On avoue même ses faiblesses. Pakistanais et Indiens ne sont pas encore à tu et à toi mais ils semblent condamnés à ne plus se haïr. La glace est brisée. Le scénario de guerre froide semble se reproduire à l'identique.

Armés et entraînés par le Pakistan, les moudjahidines du Front de libération (JKLF) et ceux de la Jamaat Islamiya retournent chez eux faire le coup de main. Mais le jeu d'Islamabad est hasardeux car les combattants luttent pour l'indépendance, pas pour le rattachement au Pakistan. Quant à l'Inde, kriss plongé dans l'océan Indien, elle regarde désormais vers le large. Aspirant à jouer un rôle maritime, New Delhi ne peut que relativiser un enjeu trop terre à terre. Son expansion, sa percée sur les marchés des logiciels lient son destin à celui de l'économie-monde. L'enjeu cachemiri perd de son importance. La guerre de Kargil s'est arrêtée. L'apocalypse sur le toit du monde paraît peu crédible. Pourtant, si l'on recherche les raisons profondes qui poussent Indiens et Pakistanais à se disputer le Cachemire, l'optimisme n'est plus de mise.

La ligne bleue de l'Himalaya

Partie d'échecs plus que roulette russe, la guerre froide était une lutte abstraite. Or, depuis 1947, l'Inde et le Pakistan n'ont jamais cessé de se battre. Adversaires idéologiques, Yankees et Soviets ne se regardaient pas comme des ennemis héréditaires. Les deux nations du sous-continent sont deux siamois écartelés dans le sang. L'Amérique et l'URSS n'avaient qu'un point de contact : le détroit de Behring. Les frères ennemis possèdent 3000 kilomètres de frontière, avec de part et d'autre cinq cent mille hommes. Forgés par le fer et par le feu, les deux États sont deux idées contradictoires. C'est l'Inde pluriconfessionnelle de Gandhi contre le foyer national des musulmans comme hier la patrie de Renan face au Heimat de Bismarck. Islamabad et Delhi ont leur Alsace-Lorraine. La querelle est physiquement incarnée. L'antagonisme se mesure avec un compas. La lutte n'est pas seulement au couteau, elle est au cordeau. La ligne bleue de l'Himalaya s'appelle le Cachemire, blessure que les deux États portent au flanc et qui se réveille lorsqu'ils se rapprochent. En 1947, Nehru et Jina se parlent, le Cachemire les interrompt. En 1972, Zulfikar Bhutto et Indira Gandhi signent un accord, le Cachemire les empêche de franchir la ligne invisible séparant la paix des âmes de celle des braves. Juillet 1998, Bhutto et Gandhi renouent le dialogue, la province perdue le fait tourner court. Février 1999, Vajpayee et Sharif amorcent un rapprochement qualifié d'historique. Trois mois plus tard, à cause du Cachemire, il faut repartir à zéro. Aucune des parties ne manque d'arguments. Pour Islamabad, les Cachemiris sont des « malgré-eux », kidnappés par les infidèles. Delhi a spolié l'étroit Pakistan. Drapée dans son sari, trop digne, trop sûre d'elle-même mais aussi trop consciente de sa faiblesse, l'Inde écarte tout règlement international. Le droit des peuples ? Elle se pense comme une civilisation.

L'Union considère que depuis 1948 les consultations confirment le loyalisme des populations. Et puis, quelle leçon de démocratie aurait-elle à recevoir d'un voisin dirigé par une clique de généraux corrompus ? Les deux rivaux sont également persuadés de la justesse de leur cause. Au-delà, le glacier de Siachen cristallise une crainte mutuelle.

Le Cachemire forme une zone tampon, un passage obligé entre trois espaces : l'Asie centrale, la Chine et le sous-continent. Qui contrôle ce verrou menace ses voisins. Le Pakistan peut atteindre New Delhi. L'Inde dévaler vers Islamabad. La sécurité constitue ainsi le véritable enjeu du conflit. Abandonner les musulmans équivaut à mettre en péril l'existence même du Pakistan. Pour l'Inde, perdre le Cachemire, c'est risquer l'explosion. La fédération de Delhi repose sur une pierre de touche : le sécularisme ou la laïcité à l'indienne. La desceller, c'est ébouler l'édifice. Périodiquement, la terre de Shiva tremble et les émeutes intercommunautaires reprennent. Hindous contre musulmans. Sikhs contre Hindous. Pogroms contre terrorisme. Certaines années, les victimes se comptent par milliers. Or, ces heurts religieux se doublent de revendications territoriales. Capituler au Cachemire, c'est prendre le risque de détricotter l'Union. Aux quatre points cardinaux. À l'est, les Sikhs se sentent chez eux au Pundjab. À l'ouest, le fondamentalisme musulman travaille le Sindh et l'Assam. Au sud, le Tamil Nadu forme un autre accroc au patchwork indien. Le Pakistan entretient ces irrédentismes au risque de précipiter son voisin dans le chaos. Ainsi, les flambées de haine ethnico-religieuse sont au sous-continent ce que sont les feux de forêt au Midi de la France : un risque permanent. Le Pakistan éprouve cette crainte au centuple. *Pakistan*, dans la langue ourdou, signifie « pays des purs », en référence à l'intransigeante foi de ses habitants. Plus prosaïquement « Pakistan » est un acronyme : « P » comme Pendjab, « K » comme Kashmir, « S » comme Sind et « Tan » comme Balouchistan. À ces régions, il faut ajouter les « territoires du Nord-Est » et la province Pathan. Pour un Pachtoune, Kaboul ou Peshawar, c'est Lille ou Béthune pour un Ch'timi. Longeant la frontière afghane, le Balouchistan. Là encore, le peuplement est continu, la borne internationale, une pure fiction. Bordant l'océan Indien, le Sind est le territoire des Mohajirs, entrés en lutte contre Islamabad avec le soutien de l'Inde. Le « Kashmir » pakistanais abrite les Pandits, minorités hindoues proches de New Delhi. On comprend que dans les deux capitales la hantise de l'éclatement trouble le sommeil des dirigeants. Conquêtes fragiles sur l'intégrisme religieux, le tribalisme, l'irrédentisme, ces deux nations sont moins des plébiscites de tous les jours que des émeutes évitées tous les mois.

Allah contre Rama

Or, dans les deux pays, les relations bilatérales sont abandonnées aux mouvements imprévisibles de l'opinion. En Inde, le titre de « plus grande démocratie du monde » n'a rien d'usurpé. Le suffrage est respecté. Les institutions sont calquées sur celles de la Grande-Bretagne. Pourtant, le bellicisme des élus indiens n'a rien à envier aux rodomontades de caudillos sud-américains. En mai dernier, le ministre de l'Intérieur, Lal Krishna Advani, n'hésitait pas à déclarer : « Si une guerre éclate, le Pakistan cessera d'exister. » Lorsqu'au mois de décembre 1999, des militants intégristes de la cause cachemiri détournent un apparail des Indian Airlines, les autorités dénoncent une provocation pakistanaise. On imagine l'effet produit sur l'opinion. Les dirigeants se livrent donc à un jeu dangereux. Ils y sont presque contraints. Car s'ils ne se montraient pas assez patriotes, d'autres le seraient à leur place, les plus durs des ultra-nationalistes par exemple. Force montante, le parti intégriste hindou BJP, Bharatiya Janata Party, remet en question les fondements de l'État. Dérivant d'une organisation fascisante, le BJP respecte en apparence le jeu démocratique. Mais pour sonder la menace qu'il représente, il suffit de rappeler l'épisode d'Ayodhya. Lieu de naissance de Rama, l'une des idoles les plus populaires du panthéon hindou, cette cité d'Uttar Pradesh abritait l'une des plus vieilles mosquées de l'Inde. Le BJP lance plusieurs marches sur la ville. Objectif : détruire l'édifice. Le 6 décembre 1993, des Yogis encerclent la mosquée. La police locale tente de contenir la marée safran. En vain, c'est la déferlante. À midi, la mosquée est investie. À

17 heures 30, la bâtisse est rasée. Dans le nord de l'Inde, la chasse aux musulmans dure plusieurs jours. Un tel épisode fait voir ce dont un BJP désormais majoritaire est capable. Aux élections d'avril 1998, les intégristes obtiennent 46 % des sièges et entrent au gouvernement. L'actuel Premier ministre de l'Inde, Atal Behari Vajpayee, appartient à une aile modérée du BJP. Tout au long de la crise du printemps 1999, le parti exigea que le pays contre-attaque vigoureusement en bombardant le Pakistan. De l'autre côté de la frontière, les politiques n'affichent guère plus de modération. Les minorités hindoues sont accusées de collusion avec l'ennemi héréditaire. L'épouvantail indien est brandi à la moindre occasion. Le 7 juin 1998, une bombe fait dérailler le Khyber Express. Aussitôt, Islamabad accuse son voisin. Le ressentiment à l'égard de l'Inde n'est pas la passion politique la mieux partagée entre les Pakistanais, c'est la seule. Les pirates de l'air de décembre 1999 furent accueillis au Pakistan en fanfare. À peine débarqué, l'un des dignitaires intégristes[1] dont le commando avait obtenu la libération lança à une foule massée devant la grande mosquée de Karachi : « Je suis venu ici parce qu'il est de mon devoir de vous dire que les musulmans ne resteront pas en paix tant que nous n'aurons pas détruit l'Inde ! »

Comme à Delhi, la crainte d'être débordé par des extrémistes exacerbe le conflit. Le BJP pakistanais s'appelle le Jamaat Islamya, le parti fondamentaliste musulman. Visitant un poste d'altitude, le 11 juin 1999, le Premier ministre Nawaz Sharif déclarait : « Les soldats d'Allah ne craignent pas la mort. L'Inde devrait faire attention : la bombe islamique nous donne du courage ! » Les intégristes accusèrent le Premier ministre ayant accepté un cessez-le-feu de trahison. Un jugement partagé par les militaires qui renversèrent le gouvernement au mois d'octobre 1999. Depuis cette date, le chef d'état-major, le général Pervez Musharraf, a pris en main les rênes du pays. Le rôle politique prépondérant joué par les militaires représente un autre facteur belligène. Périodiquement, l'armée rouvre la plaie cachemiri, histoire de se rendre indispensable. Plus inquiétante encore, la corruption qui ronge le pays. Plomber le ciel du Cachemire est une opération rentable, surtout pour les agents de l'ISI, les services secrets d'Islamabad. Plus la tension s'accroît et plus les commissions perçues sur les ventes d'armes augmentent. Plus les Cachemiris s'équipent et plus ils écoulent de narcotiques. Pour les barbouzes, c'est la culbute assurée ! Guerre, drogue, arme, ce triangle létal peut-il être brisé ? Shafqat Kakakehl, le chef de la diplomatie d'Islamabad, en doute : « Il serait impossible pour l'armée de contrôler ou de stopper la contrebande d'armes à la frontière. » Le mélange de populisme, corruption et fanatisme formant un précipité hautement instable, l'atmosphère n'en devient que plus volatile.

Ainsi, pour exclure tout dérapage au Cachemire, il faut aimer les paris. Celui de Raymond Aron prophétisait « paix impossible, guerre improbable » entre puissances nucléaires. Mais la guerre glaciale indo-pakistanaise n'est pas la guerre froide. On peut aussi miser sur Tocqueville analysant que deux démocraties ne se font jamais la guerre. *De la démocratie en Inde* prouve le contraire. Sur le toit du monde, le pari le plus sûr reste celui de Pascal.

*

* *

Bombay, lundi 11 avril, début de l'après-midi*

À cette heure du jour, le soleil était encore haut, la chaleur écrasante. D'épaisses toiles de jute tendues au-dessus des arcades baignaient le quartier dans un halo orange sans produire l'ombre tant recherchée. L'Inde éternelle n'avait pas perdu une ride. Essaims de mendiants, hommes troncs pickpockets, aveugles capables de repérer un bon appareil photo à 30 mètres, échoppes chargées de babioles rutilantes tels des vergers croulant sous les fruits : à observer les alentours, la vie semblait suivre son cours. Difficile d'imaginer que la troisième guerre mondiale commencerait ici.

Tout en gravissant la ruelle, Rashid leva les yeux : la foule bigarrée formait comme deux ruisseaux dont l'un dévalait et l'autre grimpait le long de l'artère. C'est curieux, songea-t-il, les gens vaquent à leurs occupations comme si rien n'avait changé. Pourtant depuis l'arrivée au pouvoir d'Al Krishna Advani[2], leader du parti nationaliste hindou[3], 100 millions de musulmans vivaient dans la crainte. Sur tout le territoire, les exactions se multipliaient. La police n'avait pas reçu de consignes. Mais les déclarations incendiaires du gouvernement créaient un climat d'impunité. Rares étaient les coupables interpellés. Il y a trois mois à peine, ici même, en plein bastion musulman, la Shiv Shena[4] avait fait irruption. En toute hâte, les commerçants avaient tiré leurs rideaux de fer. Les extrémistes s'étaient déchaînés. Après leur passage, les pavés furent lavés au jet. Depuis, les marchands avaient dissimulé de quoi se défendre, au cas où…

---

* Relecture : Christophe JAFFRELOT, chargé de recherches au Centre d'études des Relations internationales (CNRS-FNSP).

Rashid savait que le quartier était le fief de la pègre musulmane mais il ignorait que les boutiquiers étaient si bien armés. Dans son métier, on ne sait que ce que l'on doit savoir. Pour l'instant, c'était l'itinéraire précis menant au lieu de la réunion qu'il tâchait de se remémorer. Trois fois à gauche, une fois à droite puis passer sous une voûte, le premier coiffeur à l'angle. C'était là. Une devanture qui ne payait pas de mine. En hindi, l'inscription « Hajjams, 3 roupies ». À l'intérieur, un grand gaillard à moustaches jouait du ciseau. Clic, clic, les mèches tombaient en rythme sur le sol. Rashid entra.

« C'est pour un rafraîchissement ! »

« Au rasoir ? » interrogea le coiffeur.

« Comme d'habitude, trois millimètres » répondit Rashid qui n'avait jamais mis les pieds dans ce salon.

« La tondeuse est en panne, va voir mon collègue en bas. » Le barbier pointa avec son peigne le petit escalier derrière le comptoir. Jusqu'ici, tout était normal.

Rashid descendit quelques marches en bois. Au sous-sol, trois « garçons coiffeurs » jouaient aux dés.

« Si vous voulez bien me suivre », dit l'un d'eux en ourdou[5]. Le garde du corps se leva. Écartant un pan de la tenture damassée, il entrebâilla la porte qu'elle dissimulait.

« Après vous, mon capitaine ! » Comment le gorille connaissait-il son grade ? Une fraction de seconde, Rashid resta interdit. Puis il entra. Aussitôt, une sensation de fraîcheur électrisa son corps engourdi par la moiteur d'avril. La clim. Privée d'ouverture, la pièce était sombre. Au centre, une table sur laquelle venait mourir un unique rayon de lumière tombant d'une ampoule fixée à un plafond craquelé.

« Capitaine Rashid, bienvenue à Bombay ! », ses yeux gênés par l'obscurité discernaient mal le visage de son interlocuteur. Il s'avança. Pas de doute, le pachyderme calé dans un fauteuil était bien Dawood Ibrahim[6]. En chair plutôt qu'en os.

« Vous êtes ici chez vous ! » reprit son hôte. Avec un pantalon de toile crème suspendu par des bretelles et remonté jusqu'au milieu de l'abdomen, il ressemblait à un gros rôti emmailloté avec de la ficelle. Le parrain de la mafia musulmane de Bombay ressemblait à une sorte de Droopy oriental. Ses longs cils lui donnaient un air mélancolique. Un air trompeur. Rashid n'ignorait pas qu'un seul geste du personnage pouvait décider que dix têtes seraient tranchées avant le coucher du soleil. L'homme de main tira une chaise. « Mon capitaine, asseyez-vous, je vous en prie ! » Rashid prit place en face d'Ibrahim. En s'asseyant, il devina d'autres personnes attablées sur la longueur du rectangle de bois. Leurs visages étaient en partie dissimulés par la pénombre.

« Capitaine Rashid, vous ne connaissez pas tous mes invités, laissez-moi faire les présentations. »

« À votre droite, Sant Janvalee, en charge des opérations à la Khalistan Commando Force[7]. Il repart ce soir pour Amritsar. »

Un barbu d'une trentaine d'année, le visage lisse, les yeux ardents avançant sous la lumière, se tourna vers lui. Il portait un turban turquoise, signe caractéristique des Sikhs. « Je tenais au nom du KCF mais aussi en celui de la Bhindranwale Tiger Force et de l'Akali Dal à remercier votre gouvernement. »

« Les livraisons se sont opérées comme prévu ? » interrogea Rashid.

« Tout a été récupéré », répondit le Sikh d'une voix posée mais ferme.

Rashid savait jauger les chefs. Les quelques phrases prononcées par son interlocuteur avaient claqué comme un fouet. Alors qu'il le dévisageait, cette impression favorable se renforça. Des bribes d'informations lui revenaient en mémoire : Sant Janvalee, vingt-sept ans, père décédé le 21 juin 1984 dans l'opération Blue Star. Douloureux souvenir pour l'enfant, triste épisode pour son peuple. Ce jour-là, une poignée d'irréductibles avaient investi le Temple d'or. Abrités par les murailles sacrées, ils étaient persuadés que la peur du blasphème retiendrait le bras des Indiens. Delhi eut la main particulièrement lourde : plus de mille morts.

Cette fois, ce serait différent. Les Sikhs allaient pouvoir riposter. Les moyens que les services pakistanais venaient de leur livrer devraient théoriquement leur permettre de redevenir maître chez eux.

« Vous tiendrez jusqu'au soulèvement complet du Pendjab ! »

« En tout cas, nous ne mourrons plus seuls ! »

« Nos amis de New Delhi seront occupés ailleurs ! » coupa un homme d'une quarantaine d'années au teint beaucoup plus foncé que ses commensaux.

« Capitaine, laissez-moi vous présenter Kocheril Katchevillam, notre correspondant chez les Tigres. » Ibrahim ne cherchait pas à dissimuler sa satisfaction de se retrouver au cœur d'un tel dispositif destiné à frapper l'Inde à tous ses points sensibles.

Cherchant à se justifier, le Tamoul entonna le couplet du bon militant : « Le LTTE[8] n'a qu'un but :

regrouper les Tamouls dans une seule province. Je peux vous garantir que nous n'avons rien à voir avec ces fous du BJP. Nous avons soutenu Advani parce qu'il nous avait promis de protéger nos frères du Sri-Lanka. Mais sa parole ne vaut pas mieux que celle d'un Gandhi[9]. Nous comptons désormais sur nos propres moyens. »

« Et un peu sur les nôtres », rectifia l'officier pakistanais.

« Ce n'est pas vous qui mourrez ! » riposta le Tamoul.

« Non, mais ce sont mes frères qui seront les premiers accusés ! »

Le plan concocté par l'ISI[10] risquait bel et bien de se retourner contre les musulmans de l'Union. L'équipe nationale de cricket, fierté de la péninsule, devait se rendre en tournée au Sri Lanka. Dans quinze jours, elle disputerait son match d'ouverture à Colombo. Quelques instants avant le début de la rencontre, un des masseurs de l'équipe, un Tigre, se fera sauter dans les vestiaires. Les athlètes seront pulvérisés. La preuve qu'au Sri Lanka l'ordre n'est plus assuré aura été administrée. L'intervention de l'armée indienne deviendra inévitable. Comme en 1987. Mais sur le continent, la fureur des Hindous s'abattra sur les Mahométans.

« Lorsque le Tamil Nadu sera autonome, je peux vous assurer que personne ne touchera plus à un seul cheveu musulman ! » acheva Kocheril, essayant de se montrer persuasif.

« Capitaine Rashid, je crois qu'il est inutile de vous présenter Adbul Nawami puisque c'est vous qui l'avez formé ! » reprit Ibrahim en désignant un homme de grande taille, les traits aquilins, les sourcils très drus. Une calvitie précoce le vieillissait à peine. Même sans barbe, Rashid reconnaissait sans peine son élève. Comment oublier un homme à qui l'on a appris la faim, la peur et l'odeur de la mort ?

« Mon capitaine, nous ne ferons que mettre en pratique ce que vous nous avez appris ! » Abdul avait fait partie de ces centaines de Cachemiris qu'il avait entraînés dans les camps de l'ISI. Il était l'un de ces adolescents taillés dans le roc des Moudjahidines.

« Abdul, je vous ai entraîné à tuer des hommes, pas des vaches ! »

« Leur cervelle est pourtant plus grosse que celles des militants du BJP ! » La répartie détendit un peu l'atmosphère.

Cependant, autour de la table, personne n'ignorait qu'en Inde, occire des bovins était un véritable attentat, aussi périlleux à monter que s'il avait visé des êtres humains. La vache était l'animal sacré du pays. Et le BJP, pour une fois, fidèle à ses engagements, avait rétabli l'article 48 de la Constitution protégeant les ruminants. Le Hizbul Mujahiddin[11] d'Adbul prévoyait de décapiter une centaine de bêtes, puis d'organiser une manifestation avec leurs têtes empalées sous les fenêtres du commissariat principal de Srinagar. À n'en pas douter, la réaction des autorités serait brutale. Mais tel était précisément le but recherché. La répression fournirait un prétexte à Islamabad pour lancer ses Talibans[12] sur le Jammu et le Cachemire. C'est ce que l'officier avait en tête : « Il n'y a qu'un prophète, il n'y aura qu'un Azad Kashmir[13] ! *Inch Allah!* »

« *Inch Allah!* » reprit Adbul.

« *Talaq, talaq, talaq*, répudions l'Inde ! » conclut Ibrahim qui n'avait jamais été préoccupé par les questions religieuses. Mais il avait senti qu'une formule coranique – « *talaq* », répétée trois fois, permet à un croyant de chasser son épouse, toucherait le cœur du pieux Pakistanais. Il était le seul à connaître le véritable enjeu de l'opération Talaq qu'Islmabad s'apprêtait à lancer. Depuis que le BJP était aux commandes, le Pakistan cherchait à acquérir un sous-marin nucléaire *made in Beijing*. Grand requin blanc capable de déceler le froissement d'un billet de banque à des kilomètres, l'amirauté chinoise n'avait évidemment rien contre la transaction. Mais l'administration américaine avait mis Pékin en garde : si la livraison avait lieu, la clause de la nation la plus favorisée ne serait pas renouvelée. L'Empire du milieu perdrait des centaines de millions de dollars. Il fallait trouver un prétexte. L'agressivité d'un gouvernement indien aux abois fournirait mieux que cela : une raison stratégiquement valable pour autoriser le Pakistan à réarmer. Quant à Ibrahim, la vente du submersible lui permettrait d'empocher plus d'argent qu'il n'en avait jamais gagné. « Les bons comptes font les bons ennemis. » Dawood sourit.

Jaipur, 11 juin, visite du Premier ministre Lal Krishna Advani au Rajhastan. 17 heures

Ceint d'une tunique traditionnelle de lin blanc et d'un gilet de flanelle ocre, le Premier ministre, flanqué de ses généraux, était assis en arrière de la tribune, Advani prenait visiblement plaisir à attendre son tour. Il écoutait l'orateur avec une moue de satisfaction. Aux pieds des officiels, une mer ondulante : le peuple de l'Indi Belt.

« Vous attendiez le dieu Rama, voici son petit frère ! » À peine eut-il achevé sa phrase qu'une immense clameur s'éleva.

L'homme qui soulevait un tel enthousiasme n'était ni un politicien, ni un *sadu*[14] mais un acteur de cinéma. *Star* : le terme occidental rendait mal la popularité du personnage. « Demi-dieu » traduirait mieux l'immense ferveur suscitée par la moindre de ses apparitions. Depuis plusieurs mois, Shatrugan jouait dans une saga mythologique télévisée. Il y incarnait le petit frère de Rama, l'un des dieux les plus populaires du panthéon hindou, la mascotte du BJP. On avait beau détailler le personnage, la source d'un tel charisme demeurait mystérieuse. Le quadragénaire ventripotent était habillé à l'occidentale : chemise tartan noire et rouge, jeans. Son regard était vide et ses cils maquillés battaient comme des papillons de nuit dérangés par le faisceau d'une lampe électrique. En dehors du lourd collier de fleurs safran qu'il portait autour du cou, rien ne rappelait l'Inde. Et pourtant, debout, il semblait commander la marée humaine en levant et en abaissant les mains.

« Vive Rama ! Vive l'Inde notre mère ! » hurlait-il dans le micro planté devant lui. Le calme revenu, il continua, des trémolos dans la voix, « Mes amis… Ces gens qui ont pillé notre pays, les politiciens du Congrès reviendront un jour avec de nouveaux habits, une sébile à la main pour mendier votre vote. Et que vous diront-ils ? Votez pour Allah ! » À ce mot, la foule entra en irruption. L'idole frétillait comme un poisson sur la berge.

« Les membres du Congrès ne boivent pas le lait de leur mère mais celui des chèvres ! Mais leurs amis musulmans, eux, boivent du lait de rat ! » À peine eut-il achevé sa phrase qu'une nouvelle tempête enfla. Une *hola* de haine.

La foule grondait et il fallut plusieurs minutes avant qu'elle ne redevienne silencieuse. L'acteur s'était éclipsé. On entendait à nouveau les fanions ornés de la fleur de lotus claquer au vent. C'est à ce moment que le Premier ministre se leva. Comme pour prendre son élan, il lissa sa moustache de mangeur d'hommes.

Arrivé près du micro, il attaqua d'une voix rauque tout en feignant le détachement : « Mes amis, comme vous le savez, l'ennemi est partout. L'ennemi est capable de tout. L'ennemi souille tout. L'ennemi ne connaît pas la pitié. C'est pour cela que j'ai instauré l'état d'urgence ! » Cette première salve déclencha un tonnerre d'applaudissements.

Il reprit, un ton au-dessus : « Nos ennemis et leurs alliés de l'ISI viennent de montrer leur conception de la tolérance. Jaffna, 38 morts ! Amritsar, 251 morts ! Srinagar, 1 233 morts ! » Croisant les mains derrière son dos, l'orateur s'inclina légèrement : « On nous accuse d'attiser la haine communaliste ! On nous accuse de fascisme, et alors ? Que voulait Hitler ? Chasser les juifs corrompus ? Les musulmans sont encore plus corrompus ! Qui peut dire que les moyens d'Hitler étaient excessifs ? Avait-il le choix ? Avons-nous le choix ? L'Allemagne risquait de disparaître ! L'Inde notre mère risque de mourir ! »

L'excitation de la foule venait se briser au pied de la tribune comme le ressac de l'océan. Il vociférait à présent : « Les musulmans ont le choix : ils ont un État, qu'ils y aillent ! Personne ne les forcera à rester ici. »

En se jetant dans un torrent en furie, un musulman aurait eu plus de chance de survivre que s'il avait été précipité au milieu des Hindous. Pour le bouquet final, Advani tendit tous les muscles de son corps. Sa voix roula comme un orage qui se rapproche : « Cette terre est pure, les Indiens n'accepteront plus qu'elle soit souillée à nouveau ! Il n'y aura plus jamais de Babar[15] ! Mes amis, à l'heure où je vous parle, le shakti de Rama s'abat sur notre ennemi ! »

Au même moment, à 12 000 mètres d'altitude, 450 kilomètres plus au nord

Pendant toute la durée du vol, le lieutenant-colonel Rajeet avait à peine prêté attention au paysage. Mais en apercevant le manteau neigeux de l'Himalaya, il fut comme saisi. L'horizon semblait de pur cristal. L'éblouissement fut de courte durée. Passer la chaîne montagneuse signifiait que l'espace aérien pakistanais était en train d'être franchi. Sa formation de combat devait mettre le cap sur la base de Jelhum, au sud d'Islmabad. À présent, son Mig 29 déchirait le ciel au-dessus d'une mer cotonneuse. L'ordinateur de bord indiquait que le site de stockage des têtes nucléaires pakistanaises se trouvait à moins de 7 000 nautiques, 20 degrés d'angle sur la droite.

« Leader à patrouille, amorcez la descente. Réduisez votre vitesse à 250 nœuds. Stabilisation à 18 000 pieds ! » Bien que déformé par le grésillement dû à l'arrivée d'oxygène, l'ordre déclencha automatiquement la manœuvre. Simultanément, les cinq Mig décrochèrent, plongeant latéralement sous la couche nuageuse.

« Leader à patrouille, armez et verrouillez ! Cible à 2 500 nautiques ! » Au-dessus, une intense lumière irradiait le ciel. En dessous, d'épais nuages anthracite créaient une atmosphère de fin du monde.

Les officiers indiens étaient trop concentrés pour s'inquiéter des crépitements violets annonçant l'orage. Mécaniquement, ils exécutaient à nouveau des gestes dans l'ordre précis où ils les avaient appris, de sorte qu'ils ne savaient plus si cette mission était un entraînement ou si elle était réelle. Soudain, une trouée découvrit le paysage : l'Indus luisant serpentait au milieu d'une campagne bleutée. On devinait des routes, ces lignes conduisant vers la capitale du Pakistan. On approchait du but.

« Leader à patrouille. Procédure de tir enclenchée. Dix, neuf, huit, sept... »

Ce n'est qu'avec le lancement du compte à rebours que les pilotes prirent pleinement conscience de la mission. Aucun de ces hommes n'éprouvait de peur à proprement parler. Encore moins n'avaient-ils de scrupule. Ils devaient protéger leur patrie et désarmer un ennemi dangereux. Cependant, à cette seconde, tous réalisaient qu'il était trop tard pour faire demi-tour.

Ils devinaient que la pression de leur pouce sur le bouton de tir provoquerait l'irrévocable.

« Zéro ! » : les cinq missiles R-27-R se détachèrent en même temps et s'élancèrent dans l'azur, perdant progressivement de l'altitude. Sous leur casque, les officiers écarquillèrent les yeux.

« Leader à patrouille : on remonte à 33 000 pieds et on amorce l'hippodrome ! » Tous les officiers savaient interpréter cet ordre : « On rentre à la maison. »

Le lieutenant-colonel Rajeet ne savait pas encore si les missiles toucheraient au but. De fabrication soviétique, leur guidage radar était défectueux. Il faudrait donc attendre le briefing pour savoir s'ils avaient fait mouche. Mais les contre-mesures électroniques avaient cloué au sol la chasse ennemie et rendu sa DCA sourde, muette et aveugle. À la minute près, tout s'était donc déroulé comme prévu. Rajeet pouvait être fier de ses hommes. Logiquement, il aurait dû éprouver un mélange de satisfaction et de soulagement. Or, au fond de lui, le pilote se sentait gagné par une sourde inquiétude. C'était la guerre.

7 juillet, New Delhi, siège du gouvernement indien, 11 heures

Voilà plus de cinquante-cinq minutes que la limo de l'ambassade avait déposé le colonel North devant le palais gouvernemental. Depuis, enfoncé dans un moelleux club de cuir rouge, l'officier américain faisait antichambre. Le marine commençait à s'impatienter. Primo, ce quaker rigoureux détestait perdre son temps. Deuxio, il était l'attaché militaire de la première puissance du monde. Tout en massant nerveusement le micron de cheveux que la tondeuse avait laissé au sommet de son crâne, le rouquin du Kansas répétait mentalement des paroles qu'il ne devrait prononcer sous aucun prétexte : « Qu'imaginent-ils ces Indiens ?

Qu'ils vont mettre l'Asie du Sud à genoux ? La VIIe flotte comprise ! » Chez cet homme, la foi était aussi profondément enracinée que les séquoias géants dans la terre de Californie. D'ordinaire, il ne laissait jamais ses convictions religieuses altérer son jugement. Mais là, c'était plus fort que lui : ces yogis, à moitié nus, hirsutes, barbouillés de peinture blanche, psalmodiant des appels au meurtre, lui faisaient irrésistiblement penser au malin. Il ne pouvait pas non plus chasser de sa mémoire une vision d'épouvante : celle d'une fillette brûlée vive au cours d'une émeute. À la vue de ce petit être recroquevillé, tordu de douleur, même lui, le bouffeur de serpents, avait senti son cœur se soulever. Pourtant, rationnellement, il savait que la décision prise par son gouvernement était la bonne. Dans le conflit désormais ouvert entre l'Inde et le Pakistan, il n'y avait pas d'autre solution que la neutralité. Privé de sa fronde nucléaire, par le bombardement surprise de New Delhi, il était devenu un David inoffensif pour le Goliath indien. Pourtant, Islamabad résistait. Mais contrairement à certaines notes alarmistes pondues par quelques crânes d'œuf de la NSA[16], le conflit demeurait conventionnel. Sa présence ici n'avait qu'un but : veiller à ce qu'il le restât.

Le colonel North remontait ses chaussettes lorsqu'un huissier vint le prévenir : « Son Excellence, Monsieur le Premier ministre va vous recevoir ! » Réajustant sa casquette, il saisit son porte-documents en cuir doré et suivit l'Indien jusqu'à une lourde porte gardée par deux Gurkas. Les plantons, coiffés d'un turban surmonté d'une crête, saluèrent en présentant les armes. Puis s'avançant d'un pas, les automates pivotèrent afin de le laisser passer. Plusieurs séries de portes molletonnées s'ouvrirent. L'officier pénétra dans le bureau du chef du gouvernement. Ce dernier, en habit hindou, accompagné d'un haut gradé et d'un civil en costume sombre, se leva en l'apercevant. Posant sa sacoche sur le bras du fauteuil qu'on lui désignait, l'Américain salua le Premier ministre : « Colonel North, corps des Marines des États-Unis, attaché militaire du gouvernement fédéral, mes respects Votre Excellence ! »

« Enchanté, Colonel ! Je vous prie de bien vouloir prendre place ! » répondit le chef d'État tout en joignant les mains et en s'inclinant à la mode indienne. Le marine ôta son couvre-chef et s'assit en face d'Advani. C'était la première fois qu'il voyait l'animal d'aussi près. Non seulement, il ne semblait pas dangereux mais il paraissait même très humain. Cet homme, que les journaux d'outre-Atlantique décrivaient comme le nouvel Hitler, ressemblait à un *papy* du Middle West, prêt à emmener ses petits-enfants à la pêche. Sa voix rocailleuse avait d'ailleurs quelque chose de rassurant.

« Alors, Monsieur le Conseiller militaire, on me dit que l'Amérique a des choses à nous révéler ? » interrogea le Premier ministre en jetant un coup d'œil furtif à ses deux collaborateurs.

« Avant toute chose, Votre Excellence, le président des États-Unis ainsi que notre chef de mission m'ont chargé de vous dire que ces informations ne vous sont transmises que dans un seul but : garantir la paix. En effet, mon gouvernement estime que ces données intéressent directement la sécurité internationale ! »

« Eh bien, Colonel, montrez-nous ce que vos satellites voient que nous ne voyons pas ! » Advani souligna la question en levant ses sourcils argentés. North détacha la boucle de sa serviette, en sortit une chemise cartonnée. La pochette était fermée par un de ces sceaux officiels qui mettent en garde les curieux contre les poursuites pénales qu'ils encourent. Remontant le cordon qui pendait sous le dossier, il rompit la cire d'un coup sec. Délicatement, il sortit une liasse de papier tenue par une pince noire. Sur la première page, parfaitement visible, la mention : *National Reconnaissance Office, Cosmic Secret, US only*. Il tendit le document à l'officier indien.

« Voilà, tout est là ! Les clichés datent du 1er juillet. Ils ont été pris en orbite basse, par deux satellites, à quatre heures d'intervalle au-dessus de la base navale de Karachi. La note explicative a été rédigée par le NRO mais l'analyse des experts de la DIA converge : les Pakistanais ont mouillé un submersible chinois de classe Kilo équipé d'une douzaine de têtes mirvées. Portée 2000 kilomètres. Cela signifie qu'à moins d'intercepter ce bâtiment, vos métropoles sont à portée de feu nucléaire. Messieurs, je suis au regret de vous l'apprendre : le Pakistan n'a pas été désarmé. » L'Américain, qui guettait la stupeur sur le visage de son interlocuteur, fut déçu.

« Monsieur North, je ne comprends pas pourquoi votre gouvernement qui nous impose des sanctions et qui soutient Islamabad voudrait à présent nous aider ? » questionna benoîtement Advani.

« Monsieur le Premier ministre, je ne peux que vous redire : ce qui se joue n'est pas l'équilibre de la région mais la survie des États qui s'y trouvent. Vous n'ignorez pas qu'à propos de vos troupes, nous disposons d'informations plus précises que celles de votre état-major. Nous savons, par exemple, que les Talibans sont sur le point de couper l'approvisionnement de vos forces au Jammu et Cachemire. Nous savons que la chasse sous-marine pakistanaise a envoyé par le fond votre porte-avions Viraat... »

« ... Seriez-vous en train d'intimider l'Inde, Monsieur l'Attaché militaire ? » tonna Advani. La foudre venait de s'abattre aux pieds de l'Américain. En une phrase, l'inoffensif grand-père venait de prouver qu'il était le cousin de Staline.

Sa stupeur maîtrisée, l'officier se cramponna : « Je ne vous cache pas que nous craignons que votre gouvernement songe à employer des moyens auxquels, puis-je me permettre de vous le rappeler, il a renoncé ! Dans ce cas, le Pakistan ne manquera pas de réagir. Par ailleurs, Pékin a formellement demandé à notre ambassadeur quelle serait notre réaction si les forces pakistanaises essuyaient une attaque chimique. »

« Laissez-moi deviner la réponse que vous lui avez faite ! reprit le chef d'État cramoisi, les États-Unis exigeraient une condamnation formelle de l'Inde par le Conseil de sécurité de l'ONU ! Écoutez-moi bien, Colonel, l'Inde n'a pas renoncé à son principe d'autodéfense. Elle n'agresse personne. Elle se défend, un point c'est tout. Quant aux Nations unies, quelles leçons pourraient-elles prétendre nous donner ? »

« J'ai déjà eu l'occasion de le rappeler à votre Président : sur cette planète, plus d'un habitant sur six est indien. Il faudra bien qu'il se fasse à cette idée. Notre civilisation est trois fois plus ancienne que la vôtre. Nous sommes la plus grande démocratie du monde. Et nous devrions nous laisser diriger par un club d'États moins peuplés, moins civilisés, moins démocratiques que nous ? Monsieur l'attaché, songez que cela fait maintenant un demi-siècle que l'Inde n'est plus une colonie et qu'elle n'a aucune intention de le redevenir. Quant aux discours moralisateurs que vous tenez du haut de votre "colline", vous n'avez qu'à vous les appliquer ! Que feriez-vous si vous étiez à ma place ? Qu'avez-vous fait lorsque le Sud s'est soulevé contre le Nord ? La guerre ! Eh bien moi aussi je fais la guerre ! »

Advani plantait profondément son regard incandescent dans celui de l'Américain. Ce dernier restait bouche bée. Au bout de quelques secondes, le visage de l'Hindou se décrispa comme disparaissent de mauvais nuages. Serein, le chef d'État reprit : « Monsieur le Conseiller, cette audience est à présent terminée, je vous remercie de votre visite, vous voudrez bien assurer Monsieur le Président de mes plus respectueux hommages. »

Le colonel referma sa serviette. L'entretien avait duré trois minutes. Il n'avait pas même touché aux verres posés sur la table basse en laque. Il revissa sa casquette et salua. Lorsque les battants de la porte furent refermés, le chef du gouvernement toussa légèrement et but d'une traite un verre d'orangeade.

« Cette fois, je crois que les Américains ont compris ! Ils savent que nous irons jusqu'au bout. D'ailleurs, ces gens sont si grossiers que s'ils avaient souhaité nous menacer, ils l'auraient fait sans manière. Un sous-marin chinois ? Les cow boys sortent leur dernière carte : le bluff ! Qu'en pensez-vous, Messieurs ? »

Le diplomate acquiesça : « Les Américains ne bougeront pas. Les Pakistanais n'ont pas de pétrole ! Et puis l'Amérique est trop heureuse que nous lui offrions gratuitement une occasion d'humilier la Chine ! »

« Général, votre avis ? » questionna Advani de plus en plus détendu.

« Les chances pour que les Pakistanais aient réussi à sauver plusieurs têtes sont faibles. Quant aux probabilités pour qu'Islamabad ait pu les installer sur un submersible, elles sont nulles. Le Kilo chinois ? Mais c'est notre taupe, Dawood Ibrahim, qui s'est chargé de la transaction ! Elle n'a donc jamais eu lieu. Les Américains montent des dossiers bidons pour nous faire peur, cela prouve leur indétermination ! »

« Parfait. Général, l'opération Shiva est maintenue ! » conclut le Premier ministre.

9 juillet, Rawalpindi, banlieue d'Islamabad, PC des forces pakistanaises, 21 heures

Les clichés s'étalaient sur la vaste table de travail. Ils étaient moins convaincants que la une du *Pionneer* d'Islamabad : un vieillard agenouillé, menton en lambeaux, tendant des mains aux phalanges dénudées. Au-dessus, un titre en capitales d'imprimerie anglaises, barré d'un bandeau de deuil : « Attaque chimique au Cachemire ! » Ils l'avaient fait ! Les Indiens l'avaient fait ! Devant l'Histoire, ils porteraient à jamais la responsabilité d'un tel crime. Pour stopper la progression des Moudjahidines, l'armée indienne avait pilonné la vallée de Srinagar, déversant sur la capitale de la province et sur les villages environnants plusieurs tonnes de munitions chimiques. Politique de la terre brûlée ? Non, stratégie du peuple gazé. Au Jammu et Cachemire, il ne restait plus de musulmans à libérer. Au mieux, des restes à inhumer. Plutôt que de voir la province échapper à leur emprise, les nationalistes hindous l'avaient transformée en cimetière sous la lune. Du gaz moutarde sur des enfants ! Aucun des officiers présents n'arrivait à libérer son esprit des effets conjugués de la colère et de la peine. Et pourtant, il le fallait. Aussitôt la nouvelle connue, le Conseil supérieur de défense fut réuni. Ordre du jour : riposter face à l'attaque indienne. Le chef d'état-major de l'armée pakistanaise prit le premier la parole : « Messieurs, même si les blindés indiens ont été stoppés au Pendjab, après le gazage de nos frères au Cachemire, nous ne pouvons écarter la menace d'une attaque chimique sur Islamabad. Le Pakistan et le Cachemire risquent d'être réunis, mais dans la mort ! » Ces paroles remirent immédiatement sous tension le cerveau des officiers présents.

« Armes chimiques, missiles nucléaires, les Indiens ont le choix des armes. Il ne s'agit malheureusement pas d'un duel mais d'une exécution. Apparemment, nous n'avons pas d'autre option que de cesser le combat ! Il reste pourtant une ultime solution : vaincre ! » Un tel triomphalisme était tellement déplacé qu'il plongea dans la stupeur les participants au briefing. Le général Musharraf marqua une pause avant de reprendre.

« L'amiral Liu Xan Quing va vous expliquer comment nous allons gagner cette guerre. » Instantanément, tous les regards se tournèrent vers le seul étranger de l'assistance. Originaire du Setchuan, l'amiral était un Chinois du Sud, ses fines moustaches blanches étaient à peine visibles tant sa pilosité était faible. Au milieu de cette assemblée de malabars, à la peau cuivrée et aux yeux en amande, il était facile à repérer. Tous les membres de l'état-major savaient que Liu était chargé de la liaison entre Pékin et Islamabad.

« Mon gouvernement vous a accordé son alliance, il ne vous abandonnera pas. La Chine ne tolérera pas qu'un pays souverain fasse l'objet d'attaques aussi inqualifiables. Si vos forces venaient à s'effondrer, nous nous retrouverions seuls face à un État gouverné par des fous sanguinaires. Comme vous le savez, 3500 kilomètres de frontières nous séparent de l'Inde. Il y a deux ans, nous avons été contraints de redéployer nos troupes le long de cette ligne. Après le Cachemire, les Indiens chercheront à s'emparer du Pamir, ils déstabiliseront le Tibet, dans le seul but de nous affaiblir. La Chine ne peut pas se permettre de vous abandonner. C'est pourquoi, il y a plus d'un mois, mon gouvernement a livré à votre flotte un submersible équipé de têtes nucléaires. » Un murmure parcourut la salle.

« Merci amiral ! reprit le général Musharraf, je pense que vous comprenez pourquoi, mis à part le *Compak* et l'équipage du *Babar*, cela va sans dire, aucun d'entre vous n'a été informé. Je pense également que vous avez saisi la portée de cette nouvelle : le Pakistan va vaincre ! Des questions ? » Mais l'assistance était bien trop médusée pour articuler le moindre son. « Non ! Eh bien j'ajouterai que nous avons envisagé d'avertir les Indiens de notre capacité à les détruire. Mais nous y avons finalement renoncé. Le *Babar* aurait été immédiatement pris en chasse par leur flotte et notre dernière carte risquait d'être perdue. »

Pervez Musharraf regarda sa montre puis déclara : « Messieurs, il est l'heure d'être au rendez-vous de l'Histoire ! » Il fit un signe de tête à un sergent placé à ses côtés. Ce dernier tira prestement un rideau au fond de la pièce. Au mur, trois horloges alignées apparurent. Sous la première, New Delhi. Sous la seconde, Bombay. Sous la troisième, Calcutta. Sur chaque cadran, une trotteuse se rapprochait irrésistiblement d'une encoche rouge. Le général avait toujours été ponctuel.

V

Hitler à Moscou

« *Frappez un Russe et vous blesserez un Tatar.* »

Joseph de Maistre

Trou noir

« Je suis prêt à aller buter les terroristes tchétchènes jusque dans les chiottes ! » La formule de Vladimir Poutine résume presque le programme de son gouvernement. Pire : lors des législatives du 19 décembre 1999, une telle politique reçut un franc soutien populaire. La terreur ne sévit plus en Russie comme méthode de gouvernement. Ses dirigeants doivent désormais compter avec l'opinion. Sa société a mordu à l'appât du capitalisme. Pour autant, les incertitudes qui pèsent sur son devenir semblent plus importantes que jamais. En effet, l'Occident n'aurait pas imaginé que Moscou parcourerait en si peu de temps un tel chemin… à l'envers. En 1991, Boris Eltsine grimpait sur un char pour défendre la démocratie. En mai 1999, après le début des frappes de l'OTAN sur la Serbie, il menaçait les démocraties. On se rassure en qualifiant de « démagogiques » les déclarations d'un pouvoir en état d'ébriété. On a tort. S'il ne rencontrait l'assentiment d'une nation blessée, l'aventurisme russe ne serait guère menaçant. On négocie avec une dictature raisonnable mais que faire face à une démocratie belliqueuse ? On discute avec une puissance décatie usant de son pouvoir de nuisance mais que ferait-on avec une nation nucléaire en proie à la guerre civile ? L'avenir russe s'ouvre comme un vaste trou noir.

État occupant un tiers des terres émergées, immense arsenal militaire, la toujours Grande Russie s'enfonce dans le chaos. Constat excessif? Que l'on juge sur pièces et sur place. 30 % de la population russe vit en dessous du seuil de pauvreté. Le pain représente plus de 50 % de son alimentation. D'après le PNUD : « L'espérance de vie a diminué de façon dramatique, particulièrement parmi les hommes. En 1990, elle était de soixante-quatre ans, elle n'est plus que de cinquante-sept ans. » Basée sur l'exportation de matières premières, l'économie russe se tiers-mondise à vive allure. Certaines régions refusant d'acquitter l'impôt, le système fiscal se délite. Recommandée par des conseillers économiques occidentaux, le contrôle drastique de la création monétaire a fait imploser le système financier. En effet, la liquidité qui représente 60 à 80 % de la masse monétaire dans l'Union européenne n'est plus en Russie que de 11 %. Une purge insensée qui a fait grimper les taux d'intérêt réels à 40 %. Faute de moyens de paiement, le troc a donc refait son apparition.

Dans ces conditions, l'État n'honore plus ses dettes. Et le défaut de réglement des 40 milliards de dollars d'obligations entraîne la paralysie des banques. Les réserves d'or et de devises fondent comme neige au soleil tandis que l'évasion fiscale vide l'économie russe de son sang. L'inflation jugulée ainsi que la dévaluation tardive du rouble ont certes permis d'invalider les prévisions les plus catastrophiques. Le point de croissance à présent anticipé pour l'année 2000 ne sortira pourtant pas la Russie du gouffre. Incapable de faire rentrer l'impôt, impuissant à juguler la fuite des capitaux, on voit mal le pays rembourser une dette qui représente déjà 90 % de son PIB. La crise de confiance n'est donc pas qu'interne. En 1997, 7 milliards de dollars s'investissaient dans l'économie russe contre 1,8 milliard en 1999. L'histoire offre peu d'exemples d'un tel délabrement n'engendrant pas de soubresauts politiques. De quoi la Russie est-elle grosse ? Une révolution ? Un coup d'État ? Une guerre civile ? Nul ne le sait. À court terme, cependant, seuls des astrologues pourraient lui prédire un avenir conforme aux canons de la démocratie.

Une telle catastrophe s'explique par l'existence d'une kleptocratie généralisée. Là encore, les chiffres sont éloquents. 2 % de la population accaparent 57 % de la richesse. Alors que la dette extérieure russe atteint 140 milliards de dollars, que sa dette interne plafonne à 56 milliards, depuis 1992, entre 100 et 175 milliards de dollars auraient illégalement quitté le territoire. Mobutu, Duvallier et autres Bongo ne rivaliseront jamais avec Elstine. L'État russe ne s'est pas contenté de pomper une manne pétrolière ou de ponctionner l'aide internationale. Moscou a siphonné tous azimuts. Commissaire aux comptes dans la capitale, Benjamin Sukalov[1] révéla, par exemple, que pas un centime des 168 millions de dollars destinés au financement d'un programme d'exportation de Mig n'était parvenu à leur destinataire. Sur les 3 milliards d'aide à la reconstruction en Tchétchénie, moins de 150 arriveront à bon port. Les rumeurs concernant la corruption enflent au point que la communauté internationale tend l'oreille. En Russie, cet état de fait est vécu comme une fatalité. Les maîtres voleurs poussent l'arrogance jusqu'à se baptiser les « oligarques ». La presse locale préfère les appeler les « invulnérables ». Un cercle qui regroupe autour de la « famille » (Boris Elstine et ses proches), banquiers de haut vol, empereurs de l'immobilier et des combinats énergétiques.

L'impunité dont ils jouissent n'a nullement soulevé l'ire des beaux messieurs du FMI. Sans doute surmenés pour avoir si bien conseillé les « réformateurs », certains rappelèrent, non sans cynisme, que les pionniers du capitalisme anglo-saxon n'étaient pas non plus des enfants de chœur.

En dépit d'une gestion du personnel un peu frustre, les Rockfeller et Carnegie produisaient au moins de la valeur ajoutée, ce dont leurs émules se montrent bien incapables. En marge de cette escroquerie officielle, on trouve, bien sûr, la mafia. Prostitution, jeux, racket, trafic de drogues, contrebandes d'armes ou de matières fissiles, les activités de la *russian connection* sont celles de tous les milieux du monde. Mais le savoir-faire d'un personnel recruté dans les rangs pléthoriques des services de renseignement soviétiques ainsi que sa collusion avec le pouvoir rend cette nébuleuse plus redoutable encore que ses équivalents italo-américain ou nippon. Le crime organisé connaît en Russie une échelle inconnue ailleurs. Qu'on en juge : en 1996, dans la seule ville de Moscou, deux cent soixante-dix « contrats » ont été lancés contre des financiers ! L'assassinat devient ainsi une loi non écrite dans la vie des affaires, prouvant par là même que le capitalisme sans État de droit égale la mafia. Et le poisson ne pourrit pas seulement par la tête. Les marchands de Saint-Pétersbourg voient ainsi des camions venus les livrer arriver vides. Ils étaient pourtant partis des fermes chargés de fruits et légumes... De haut en bas de l'échelle sociale, les Russes cherchent à survivre. D'inquiétantes rumeurs circulent comme celles de retraités liquidés par des promoteurs immobiliers. Elles témoignent de ce que la violence est devenue en Russie un instrument banal de régulation sociale. Comment croire qu'un pays où les banques entretiennent des milices employant cent mille hommes équipés d'armes de guerre s'aligne sur le modèle policé de l'Occident ? Les garde-frontières disposent de sept cent mille soldats dotés d'armes lourdes.

Alors que l'armée maintient 1,7 million de Russes sous les drapeaux, le ministère de l'Intérieur possède des effectifs aussi importants mais mieux équipés. Beaucoup de ces forces sont impliquées dans les trafics. L'armement emploie encore 4 millions de personnes et reste l'un des derniers secteurs rentables. Dans un pays où l'appât du gain est la seule loi, chaque unité, chaque commandement, chaque région militaire, chaque usine tirera le maximum de profit de sa situation. Entre ces forces règne un climat de suspicion, de rivalité, parfois de haine. En janvier 1996, une unité de Spetnaz, les forces spéciales, s'apprêtant à donner l'assaut contre les Tchétchènes, sera décimée par l'artillerie régulière. De mauvaises langues chuchotent qu'il ne s'agirait pas d'une erreur. Signe des plus inquiétants : le Président s'est doté d'une imposante garde prétorienne, forte de plusieurs milliers d'hommes. La Russie est-elle au bord de la guerre civile ? Cette hypothèse n'a rien de fantaisiste. En octobre 1993, Boris Elstine ne se maintenait au pouvoir qu'en faisant donner les tanks contre un Parlement rebelle. Un observateur aussi attentif que Jacques Sapir[2] redoute que la Tchétchénie et le Daguestan offrent le spectacle de ce qui, demain, pourrait se produire en Russie. Terrifiant.

La position géopolitique du pays accroît encore le risque de chaos. 25 millions de « pieds rouges » vivent à présent au dehors des frontières de la fédération russe. Sans être aussi bigarrée que l'URSS, la République fédérative demeure un État pluri-ethnique. Sur 160 millions de Russes, 30 ne le sont pas. Enclavés au cœur de la Russie, des territoires comme le Tatarstan ou le Komi peuvent tenter d'échapper à son contrôle. Deux zones semblent particulièrement sensibles : l'Extrême-Orient russe, dont les terres riches en matières premières passent progressivement sous contrôle sino-japonais. Dans cette région, les Chinois forment déjà une part importante de la population. Le Caucase constitue la seconde zone de fracture entre Moscou et ses marches. Là-bas, le mélange corruption, intégrisme, réserves énergétiques paraît particulièrement explosif. Rappelons qu'en six mois, la première guerre en Tchétchénie fit déjà plus de vingt mille morts. Puis ce fut au tour du Daguestan de s'embraser. À présent, le conflit tchétchène se rallume. L'explosion démographique des Républiques transcaucasiennes et un passé fait de ressentiment à l'égard du « grand frère » créent un risque de propagation.

Redoutant une telle instabilité, les États-Unis cherchent à détourner les flux énergétiques (gaz et pétrole) originaires du Caucase qui transitaient jusqu'alors par le territoire russe. Les compagnies BP-Amoco et le conglomérat azerbaïdjanais Soccar signent des accords d'exploitation et Washington obtient le 17 avril 1999 l'ouverture d'un pipe-line reliant Bakou au terminal turc de Ceyhan, via le port géorgien de Soupsa. La Russie peut-elle assister les bras croisés à ce détournement de trafic ? Afin de recapter des flux qui faisaient la force de l'Union soviétique, elle risque au contraire de chercher à déstabiliser ses voisins. Le 16 avril 1999, un grand quotidien proche du Kremlin[3] écrivait en ce sens : « On ne peut arrêter l'expansion de l'OTAN que par la force. » Le drame russe ressemble ainsi à une tragédie grecque : la défiance alimente la défiance, les soupçons nourrissent les soupçons et les pires prophéties se réalisent, du seul fait qu'elles sont prononcées. Parier sur l'avenir serein et pacifique de la Russie semble donc pour le moins risqué.

Assimilant à présent la misère au libre marché, l'injustice au règne des démocrates, alliés de l'Occident, les Russes risquent de se fâcher. La corruption et la violence atteignent une telle ampleur qu'il est difficile d'envisager un réveil du pays sans sursaut autoritariste. Reste à déterminer l'ampleur de ce retour de bâton. Vladimir

Poutine incarne déjà un tel durcissement. D'inquiétantes coïncidences marquent en effet la montée en puissance du dauphin d'Elstine. La presse russe – un correspondant italien devait reprendre ces fuites sans éveiller beaucoup d'intérêt en Occident – annonça les incursions tchétchènes au Daguestan et les attentats de septembre 1999 qui ensanglantèrent Moscou avant même que ces événements ne se produisent ! Un journaliste turc ramena de Tchétchénie une cassette où des officiers russes faits prisonniers confessent que ces attentats auraient été l'œuvre du FSB. De même, entre les législatives de décembre 1999 et la réouverture des hostilités en Tchétchénie, la concordance de calendriers fut trop parfaite. À la question : des hommes comme l'ex-patron du FSB connaissent-ils des limites morales ? Poutine a déjà répondu par la négative. Or, on peut imaginer pire candidat à l'ordre nouveau. Car l'enfant naturel du KGB et de la mafia, comme l'a surnommé un journaliste russe[4], joue « tout sur une seule carte ». Rendue furieuse par une nouvelle défaite en Tchétchénie, l'armée pourrait retourner ses chars contre la capitale. C'est l'hypothèse envisagée par *Novoïé Vremia* dans lequel une journaliste écrit : « Tout semble prêt pour un putsch militaire – imbibé de fumier, le terrain est devenu fertile. » Après Poutine, « Putschine » ? À court terme, la production d'armes, celle d'énergie à bas prix sont seules capables d'enrichir la Russie. De même, Moscou ne se retirera pas de zones riches mais hautement instables. La tentation d'alimenter ces foyers de tension afin de mieux asseoir sa domination restera forte. Au total donc, deux évolutions, également probables et également tragiques, se dessinent : soit la Russie sera gouvernée par un pouvoir fort, soit elle plongera dans la guerre civile. L'impérialisme ou l'anarchie, la guerre ou la révolution. Pour mémoire, en Russie, trente mille têtes nucléaires restent opérationnelles.

*
* *

Moscou, le 3 mars, quelques heures avant la clôture du scrutin présidentiel russe*

« La Tchétchénie sera notre revanche », fanfaronnait Poutine au début du siècle. Mais pour beaucoup de Russes, la province rebelle fut surtout un tombeau. Sa reconquête coûta quinze mille hommes. Quant aux années d'occupation qui suivirent, elles firent trente mille victimes de plus. De jour comme de nuit, les garnisons de Grozny, Goudermès, Kalinovka et Shali furent la cible des *boïikivis*[5]. Occupé à préserver les intérêts des « oligarques[6] », le Kremlin laissa s'étendre la mare de sang. Quant au peuple, effaré par le carnage, il avait perdu tout espoir d'améliorer son niveau de vie. Promesses après promesses, plans d'ajustements après plans d'ajustements, réformes après réformes, l'idée d'un complot orchestré par l'Occident pour affaiblir le pays s'était ancrée dans l'opinion. Aussi, lorsque les chars du général Trotchev, commandant la Tchétchénie, remontèrent vers Moscou, les Russes éprouvèrent

* Relecture : Jacques SAPIR, économiste et spécialiste de la Russie, Directeur d'études à l'École des hautes études en Sciences sociales.

presque un soulagement. Dès les premières heures du putsch, l'état d'urgence fut décrété. Le général annonça son intention de nettoyer la Russie des « brigands et des traîtres ». Le gouvernement au grand complet fut arrêté et traduit en cour martiale. Retransmise en direct à la télévision, l'audience révéla aux Russes que Poutine et son prédécesseur avaient non seulement détourné des sommes colossales mais qu'ils étaient les commanditaires des attentats de septembre 1999, faussement attribués aux Tchétchènes. Ces aveux surprirent à peine les Russes. La nation éprouvait un immense soulagement à ne plus vivre dans le mensonge. « Plus de bavardages, des actes ! » avait promis Trotchev. En grand nombre, les mafieux furent chassés et les rangs du FSB purgés. Certes, le Caucase n'était pas pacifié, l'économie ne tournait pas encore à plein régime mais une aube nouvelle pointait. Trotchev avait annoncé que la doctrine militaire officielle[7] faisant les limites de la CEI, les frontières stratégiques de la Russie seraient respectées à la lettre. Surtout, il avait juré de restaurer la souveraineté de Moscou « partout où l'on parlait russe » ! Or, le peuple sentait que le général était homme à tenir parole. De tels projets menaçaient directement les anciennes Républiques soviétiques mais, pourtant, elles ne furent guère prises au sérieux. Depuis qu'un système de défense antibalistique avait été déployé dans l'espace par Washington, la Russie n'était plus aussi inquiétante que par le passé. Grâce aux réseaux satellites[8] capables d'intercepter les missiles russes, l'Occident ne cédait plus au chantage de l'ex-supergrand. Par ailleurs, la situation en Russie semblait progressivement s'apaiser. Trotchev autorisa la tenue d'élections législatives, remportées haut la main par sa formation, le mouvement patriotique impérial, puis il organisa un scrutin présidentiel auquel il se présenta. Un plébisciste, hurlaient les communistes ! Assuré de sa popularité, le général avait pris le risque d'autoriser d'autres candidatures et de relâcher la censure.

Sans la présence très visible de chars T 80 aux carrefours de la capitale, on aurait pu croire que le scrutin se déroulerait dans un climat normal. C'est pour couvrir cet événement qu'Euro News avait dépêché sa meilleure reporter. Nathalie et Sergueï tentaient de se frayer un chemin vers la tribune mais une foule compacte ralentissait leur progression. Emmitouflés dans leurs longs manteaux d'hiver, les Moscovites piétinaient sur le pavé gelé. Caméra au poing, l'assistant de la journaliste bousculait les badauds.

« Vous ne pouvez pas faire attention, non ! » s'exclama une Babouchka aux pommettes carmin. Enveloppée sous ses couches successives de doudounes, la vieille femme ressemblait aux poupées de son pays.

« Pardon, pardon ! » Un fort accent étranger trahissait Nathalie.

« Encore des journalistes occidentaux ! » lança un vieil homme dont la capote élimée était couverte de médailles d'un autre âge.

« Ils sont fous ces Russes ! Faire le pied de grue par ce temps ! » grommela la correspondante.

« Évitez l'anglais ! Je n'ai pas envie de finir aux urgences comme le type de CNN ! » chuchota Sergueï.

La giboulée jetait des paquets de flocons sur les visages écarlates. Malgré la bourrasque, des centaines de Russes, hommes et femmes, jeunes et vieux, restaient là. Comme si une source de chaleur réchauffait leur âme. À quelques mètres, une silhouette semblait répandre une vapeur réconfortante sur cette masse transie. Chaussé de bottes vernies, en grand uniforme, le leader du mouvement patriotique impérial se penchait vers la foule.

« Guennadi, s'il te plaît, pour Natacha ! » Le général saisissait les petites coupures d'un rouble tendues par ses supporters.

« Ne vous comportez pas comme des sauvages ! Nous n'en avons pas le droit, pas encore ! » Les partisans riaient de bon cœur, laissant apparaître leurs dents cariées par l'effort concerté de Coca Cola et du FMI. À la vue de leur carte de presse, un gorille, Uzi en bandoulière, autorisa Nathalie et Sergueï à grimper sur le tréteau électoral. Un mur de molosses empêchait d'approcher le candidat de trop près. En attendant de pouvoir interroger celui que la presse occidentale surnommait « Pinotchev », les deux journalistes, médusés, observaient la scène. Tous ces anonymes venus soutenir Trotchev affichaient le même air enivré. Retraités sans pension, ouvriers sans usine, anciens de Tchétchénie, les partisans de l'histrion partageaient la même expression. Leurs yeux luisaient comme de petites bougies posées autour d'une icône.

« Ici Guennadi ! Ici pour Kacha ! » hurla une hystérique.

« Calme-toi, calme-toi, il y en aura pour tout le monde ! » aboya un garde du corps.

« Le rouble ne vaut plus rien. Mais grâce à ma signature, il vaudra bientôt plus que le dollar ! Tiens ma belle !

Tu le montrera à tes petits-enfants lorsque la Russie sera redevenue la Russie ! » Le général tendit le billet barré de son autographe à une pin-up trop maquillée.

Quelques minutes plus tard, l'officier se redressa. D'un geste méprisant, il congédia la foule.

« Cela suffit ! Terminé ! Allez, rentrez chez vous ! » Le mouvement du bras était celui du maître abattant le knout.

« Da ! Da ! Allez, rentrons chez nous, il doit avoir froid ! » bougonna un petit homme à la trogne couperosée.

« C'est vrai, le général doit être fatigué, allons-y ! » renchérit un milicien.

Solidement campé sur ses jambes de cosaques, Guennadi Trotchev observa son peuple se disperser puis il se retourna.

« Mon général, pourrions-nous vous poser quelques questions ? » tenta Nathalie en mauvais russe.

« Je ne dis jamais non à une demoiselle ! » Séducteur, Trotchev cligna de l'œil.

« Vous dénoncez les terroristes en Tchétchénie alors que vous soutenez les rebelles en Abkhazie, en Ossétie, en Moldavie ! »

« Jamais nous n'avons soutenu de terroristes ! Les régions dont vous parlez sont des provinces dans lesquelles l'Occident a dressé les peuples les uns contre les autres ! Regardez ce qui se passe en Azerbaïdjan[9] depuis le départ des Russes : Arméniens et Azéries recommencent à se battre ! » Le Russe lança sa réponse, comme un gentleman-farmer jetterait une balle à son levrier. La journaliste ne se laissa pas piéger, sachant qu'en cessant de s'interposer entre les protagonistes, Moscou souhaitait avant tout rallumer le conflit : « Justement, pourquoi avoir retiré vos troupes stationnées au Nagorny-Karabakh ? »

« Si je vous comprends bien, vous accusez la Russie d'impérialisme lorsqu'elle retire ses troupes d'un pays étranger ! Quoi que nous fassions, nous ne trouverons jamais grâce à vos yeux ! » Nullement décontenancée, Nathalie revint à la charge : « On dit que vous voulez obtenir de Washington l'extradition de Tatiana Diatchenko[10], la fille de Boris Elstine et celle de Boris Berezovski afin de les juger, mais vous-même, vous avez soutenu Elstine ? »

« Comme beaucoup d'officiers, je l'ai appuyé en 1993 lorsqu'il écrasa le Parlement, parce que la Russie doit avoir un gouvernement fort. J'ai même soutenu les réformateurs au début, et alors ? Lénine a dit : les capitalistes vendront la corde avec laquelle on les pendra ! J'ai simplement acheté la corde aux réformateurs ! » Les gorilles rirent à gorge déployée.

« Vous avez déclaré : je serai le nouveau Staline ! Mais cet homme a tué des millions d'innocents ! » L'indignation gagnait la brunette.

« Le plus grand homme de Russie n'est pas Staline, c'est Ivan. Il a tué son fils pour régner ! Pour diriger un État comme le nôtre, il faut une main de fer… comment dites-vous, dans un gant… d'acier ? »

Le « Vodj[11] », comme l'appelaient ses partisans, arborait un large sourire, l'afflux de sang colorait entièrement sa face de fauve, Ivan Junior était dans la force de l'âge.

« Que ferez-vous si les Ukrainiens et les Biélorusses ne souhaitent pas former l'Union slave dans laquelle vous voulez les faire entrer ? »

« Mais pourquoi voulez-vous qu'une telle chose se produise ? Nos frères slaves souhaitent nous rejoindre. Vous n'ignorez pas que notre patrie est née à Kiev. En russe, *Ukraina* signifie provinces militaires. L'Ukraine, c'est notre petite Russie[12] chérie qui reviendra à la maison ! »

« Une petite Russie qui veut entrer dans la grande Europe ! Kiev vient de déposer sa demande d'adhésion à l'Union européenne ! »

« Il y a aujourd'hui des traîtres à Kiev comme il y en avait hier à Moscou ! Mais les temps changent ! Maintenant, je dois vous laisser, j'attends les résultats ! »

« … Maintenant, je dois vous laisser, j'attends les résultats ! » « C'était Nathalie Laurice, en direct de Moscou, pour Euro News ! » Trente minutes plus tard, l'interview du leader impérialiste était diffusée en boucle.

« Merci Nathalie, nous sommes à présent à moins de deux heures du scrutin et les téléspectateurs voudraient comprendre ce qui pousse les Russes à voter pour Trotchev. Nathalie, vous avez pu interroger des Moscovites cet après-midi ? »

« Oui, en effet, John-Paul, nous avons demandé à l'homme de la rue pour qui il allait voter, je vous propose de l'écouter. »

« Bonjour Monsieur, pour qui allez-vous voter ? »

« Vous êtes payée par les Juifs ? Parce que je ne parle pas aux journalistes envoyés par les Juifs. Je vais voter pour Guennadi, parce qu'il nous redonnera un pays ! »

« Vous n'êtes pas démocrate alors ? »

« Ah non ! répondit le quinquagénaire, hochant la tête avec sincérité : Je ne suis pas un démocrate moi, je suis un honnête citoyen ! »

« Bonjour Madame, vous vous appelez ? »

« Irina Grigorievna[13], je suis pédiatre à Kostroma, je n'ai pas perçu de salaire depuis des mois ! »

Tout en fouillant dans une pile de vêtements usagés distribués par la Croix-Rouge, la jeune femme s'indigna : « Vous ne pouvez pas imaginer l'humiliation que cela représente. Je ne suis ni une alcoolique, ni une clocharde. J'ai travaillé pendant vingt ans comme médecin et je ne peux plus me nourrir. »

« Et pour qui allez-vous voter ? »

« Pour Trotchev, il donnera peut-être donner à manger à mes enfants ! »

« Cette dame a raison ! Nous ne possédions que deux choses, un singe-président et une monnaie de singe. Nous étions colonisés, et les gens qui nous gouvernaient étaient des collabos. »

« Qui êtes-vous, Monsieur ? »

« Je m'appelle Youri Litvinov et je suis chauffeur de taxi ! »

« Et pour qui allez-vous voter ? » En regardant le maigre colis-repas qu'on venait de lui distribuer, l'homme répondit : « Pour le général, les autres sont des voleurs ! »

Retour sur le plateau d'Euro News à Berlin où le présentateur, mèche sage et cravate en soie, vient d'interrompre la retransmission.

« De premiers chiffres nous parviennent, il s'agit d'estimations. Guennadi Trotchev l'emporterait dès le premier tour, avec une majorité de 54,2 % des suffrages. Sur tout le territoire, la participation a été massive. La Russie bascule donc ce soir, elle a plébiscité un militaire qui, il y a quelques mois à peine, s'était emparé du pouvoir par les armes ! Quelle est l'atmosphère à Moscou, Nathalie ? »

« Sans vouloir faire de mauvais jeux de mots, John-Paul, on peut dire qu'ici le climat est glacial, la nuit est tombée sur la capitale, les rues sont vides, nous sommes au pied du Kremlin… Ah attendez, oui, on me dit que quelque chose est en train de se passer… » Nathalie colla sa moufle sur sa tempe afin de mieux entendre ce qu'on lui annonçait dans son oreillette. Derrière la journaliste, les dômes illuminés de la cathédrale Pierre et Paul, siège depuis cinq siècles du pouvoir des tsars, brillaient. Se redressant, elle se tourna vers son cameraman : « Serguei, tu peux faire un gros plan ? »

Dominant le palais byzantin, le gros onion couleur terre cuite du Kremlin apparut à l'écran. Au sommet de la coupole, la bannière tricolore de la République fédérative de Russie claquait dans la bise. On distinguait des ombres au pied du mât. On descendait les couleurs.

« Le drapeau de la République russe est abaissé et… C'est incroyable, nous assistons en direct à un événement historique. Je suppose que c'est un moyen pour Trotchev de montrer qu'il a bel et bien l'intention de restaurer l'empire. »

Au sommet du centre géomantique de la Russie, un nouvel étendard était hissé. Le drapeau flottant sur le Kremlin était rouge comme celui des Bolcheviques, frappé d'un aigle noir à deux têtes, blason des tsars, symbole d'une puissance à la fois européenne et asiatique.

À 6000 kilomètres de là, au fin fond de la Sibérie orientale, dans le complexe militaro-industriel d'Akadomenskaia[14], un petit téléviseur retransmettait la montée du nouveau pavillon. Levant leur verre de vodka, une poignée d'ingénieurs militaires décidèrent de porter un toast :

« À la santé du général ! À la santé de l'empire ! À l'homme qui nous redonnera du travail ! »

Akadomenskaia, cité des cerveaux, Sibérie orientale, le 4 juillet

Moteur à injection, sièges en cuir, poste de transmission crypté, la Zill présidentielle n'avait rien à envier aux berlines occidentales. Dès le lendemain de son élection, le nouveau tsar de toutes les Russies avait envoyé la flotte de Mercedes à la casse. Désormais, le pays ne devait plus rien à personne. Le même jour, afin d'être certain d'avoir été parfaitement compris, Trotchev adopta deux décrets. Oukase numéro 1 : la Russie répudiait les 200 milliards de dollars de sa dette extérieure, du moins tant que les 250 milliards ayant fui la Russie n'auraient pas été rapatriés. Oukase numéro 2 : la Biélorussie, le Kazakhstan, l'Ouzbékistan et le Kirghizistan étaient annexés à la Russie. Restait à récupérer l'Ukraine, grenier du pays et passage obligé pour ses oléoducs et gazoducs. Le général avait proposé à l'OTAN un plan de partage : la moitié orientale de l'Ukraine, avec sa façade maritime sur la mer Noire et sa population à majorité orthodoxe, reviendrait à la Russie tandis que l'autre, peuplée d'Uniates[15], pouvait intégrer l'Union européenne. Quant au statut autonome de la République de Crimée[16], il va de soi que le général ne s'en contentait pas. Enfin, afin de recouvrir une pleine souveraineté, Moscou devait chasser l'OTAN du Caucase pour récupérer ses ressources énergétiques. Là encore, les Occidentaux refusaient de négocier. Soit, songea le général, ils en paieront le prix. L'automobile pénétrait la toundra avec un bruit de soie que l'on déchire. De part et d'autre de l'étroite bande de bitume, des rangées de bouleaux défilaient. Le cortège n'était pas escorté. La région étant désertique, la protection était inutile. D'ailleurs, l'itinéraire ne figurait sur aucune carte. En effet, la route traversait une zone militaire interdite. Elle conduisait le Président ainsi que le général Kvatchnine vers l'une des quatre-vingt-dix villes secrètes du complexe militaro-industriel. Akadomenskaia avait été un des fleurons de l'Empire bolchevique. Du temps de Gorbatchev, six mille scientifiques y travaillaient encore. Installés avec leur famille, les chercheurs étaient entièrement coupés du reste du monde par le GRU[17]. Beaucoup étaient partis, attirés par les salaires occidentaux ou par les ponts d'or iraniens. Le pouvoir avait laissé soixante-douze heures aux cerveaux pour choisir : soit revenir au pays, soit voir leurs proches massacrés. Mais comprenant qu'on n'abat un adversaire qu'en utilisant ses propres armes, Trotchev avait doublé le traitement perçu par les savants à l'étranger. À présent, le Combinat, dédié aux recherches spatiales et informatiques, comptait deux mille chercheurs de plus que du temps des Soviets.

« Vois-tu, Anatoly, pour faire la guerre, il faut trois choses : de l'argent, de l'argent et de l'argent… »

« Mais comment allons-nous payer? Les impérialistes ne sont pas prêts à nous rendre ce qu'ils nous ont pris ! » Anatoly Kvatchine, chef d'état-major de l'armée russe, était encore il y a peu le supérieur hiérarchique de Trotchev. Mais l'Histoire n'attendait pas.

« Le capitalisme est plein d'enseignements. Mais les mafieux n'avaient rien compris au capitalisme ! L'économie de marché n'est pas un banquet où l'on vient s'empiffrer et d'où l'on fait fuir tout le monde ! Le capitalisme, c'est l'art de prendre en donnant ! »

« Ne me dis pas que tu ne crois pas à la redistribution des revenus ? »

« Je ne te parle pas de Keynes et de ces sottises d'homosexuels anglais mais de Rockfeller et de Morgan ! Tu sais comment ces types sont devenus riches ? C'est simple, ils ont prétendu qu'ils avaient A pour obtenir B. Puis, ils ont prétendu qu'ils avaient B pour obtenir A. Au début ils n'avaient ni A, ni B et à la fin, ils avaient les deux ! Avant moi, la Russie n'avait ni arme, ni argent, je lui donnerai les deux ! »

Le bruit des graviers sous les pneus de la limousine indiqua aux passagers qu'ils étaient arrivés.

« Fais-moi confiance Anatoly ! Les capitalistes en auront pour leur argent ! »

Les portières claquèrent. Devant le bâtiment du directeur du Combinat, les ingénieurs de l'armement étaient massés pour accueillir le nouvel homme fort de la Russie, « leur » patron.

« Mon général, bienvenu à Akadomenskaia ! »

« Je suis impatient de jeter un œil sur vos petites merveilles ! »

« Da ! Mon général, si vous voulez bien nous suivre ! »

Bakou, Azerbaïdjan, au même moment, inauguration du pipe-line transcaucasien

Toupies aux couleurs acidulées, les fillettes en costume traditionnel tournaient sur elles-mêmes en paraissant ne jamais toucher le sol. Lorsque les tambourins se turent, elles tombèrent comme des pantins désarticulés. Se relevant, les danseuses azéries esquissèrent une adorable révérence qui déclencha un tonnerre d'applaudissements.

« Bravo bravo ! » L'assistance était conquise. Un petit homme gravit les quelques marches de la scène de ce qui avait été jadis le cinéma des cadres du PCUS.

« Mesdames et Messieurs, il y a plus de mille ans, ici même, dans ce caravansérail, les voyageurs de la Route de la soie furent charmés par un spectacle qui ne devait pas être très différent de celui auquel vous venez d'assister ! » Flottant dans un complet rayé, l'orateur affichait un large sourire.

« Grâce à vous, Monsieur le Commissaire européen, grâce à vous, Monsieur le Secrétaire d'État, grâce à vous également, Monsieur le Directeur de l'Amoco BP[18], cette région va redevenir ce qu'elle n'aurait jamais dû cesser d'être : un pont entre l'Orient et l'Occident. » Satisfait, Aboulaz Eltchibey marqua une pause avant de poursuivre son allocution. « Des gisements de Shah Deniz, au Turkménistan jusqu'au terminal de Ceyhan en Turquie, les pétro-euros vont faire renaître la civilisation de Tamerlan ! » Applaudissements des dignitaires du Caucase et des journalistes présents.

Le visage du Président azerbaïdjanais, surnommé le « ressuscité » parce qu'il avait échappé à d'innombrables attentats, rayonnait.

« Je cède à présent la parole au Commissaire européen, Franck Bianchi ! »

Invité à s'exprimer, le Monsieur PESC européen[19] sourit aimablement à son hôte. Vêtu d'un costume de drap beige, il avait visiblement trop chaud. Son visage juvénile perlait de sueur. Sa voix ferme ne laissa rien paraître de son inconfort :

« Votre Excellence, Monsieur le Directeur de Soccar[20], je tiens à vous remercier pour l'extraordinaire accueil que vous nous avez réservé. Nous sommes ici en terre de commerce et d'urbanité. Monsieur le Secrétaire d'État Talbott ne me contredira pas : bien plus que du gaz ou du pétrole rapproche nos États et nos civilisations. Mes chers amis, nous sommes venus ouvrir l'oléoduc Shah-Deniz-Bakou-Ceyhan mais aussi marquer une autre installation dont nous nous serions tous passés. Il y a quatre mois, les éléments avancés de la Quatrième armée de l'OTAN prenaient leurs quartiers sur les rives de la Caspienne. Je veux ici saluer la valeur et le professionnalisme du 13e régiment de dragons parachutistes, de la brigade franco-allemande et de la 82e division aéroportée des États-Unis. Malheureusement, l'évolution de la conjoncture internationale a transformé ses unités en éclaireurs. Et c'est à la demande du Haut-Conseil de la communauté des États du Caucase que l'OTAN a accepté d'installer une base permanente. Dorénavant, toute atteinte à l'intégrité territoriale de l'Azerbaïdjan, du Turkménistan ou de la Géorgie se heurterait à la volonté de l'Union européenne et des États-Unis ! » L'assemblée se leva comme un seul homme. Les flashs des appareils photos se mirent à crépiter. Les perche-sons des correspondants encerclèrent l'orateur. Les lampes des télévisions l'éblouirent.

« Quant à la revendication formulée par votre voisin du nord de la base de Gaballa[21], il est bien évident qu'elle est nulle et non avenue. Ces installations se trouvent placées, aux termes du droit international, sous votre responsabilité exclusive ! » Nouvelles salves d'applaudissements.

« À présent, si la presse souhaite poser des questions ? »

« Nathalie Laurice, d'Euro News : Monsieur Bianchi, après l'Ossétie et l'Abhakzie[22], c'est au tour de la Moldavie de faire aujourd'hui l'objet d'incursions russes, l'OTAN répondra-t-elle à ses provocations ? » Le joli petit brin de femme était partout où le destin du monde basculait.

« Il faut être tout à fait clair sur ce point, il n'y a pas d'état de guerre entre l'OTAN et la Russie ! Comme vous le savez, l'Alliance atlantique a conclu un accord avec Moscou, les zones d'influence de chacun ont été clairement définies. En ce qui nous concerne, nous nous en tiendrons scrupuleusement aux termes de cet accord ! »

« Philippe Lévy, pour TV4 : le Caucase n'est pas couvert par le traité ! Ne craignez-vous pas que Moscou ne cherche à ranimer des conflits dans la région ? Trotchev n'a pas hésité à bombarder le Tatarstan ! »

« Le Tatarstan est un exemple, certes tragique, mais je vous rappelle que cette République fait partie du territoire souverain de la Russie. En ce qui concerne l'Azerbaïdjan, la Géorgie et le Turkménistan, il doit être tout à fait clair qu'aucune agression contre ces États ne restera impunie ! »

« Élisabeth Barbey : Monsieur Bianchi, l'Union européenne va-t-elle annuler le vol d'un cosmonaute français, le 3 août prochain, à bord de la navette russe ? »

« Non, certainement pas ! Notre politique est fondée sur la fermeté, pas sur la fermeture ! Nous souhaitons au contraire tendre la main à Moscou. Ce vol à bord de la navette russe doit justement servir à dissiper nos malentendus ! »

Navette spatiale Potemkine, 770 kilomètres au-dessus de la Terre, le 8 août

Vladimir Sorensky, le chef de cette mission, ne se considérait pas comme le seul maître à bord après Dieu : il ne croyait pas en Dieu. Au-dessus de lui, un manteau noir moucheté d'étoiles scintillantes. En dessous, la couche atmosphérique, toile d'araignée laiteuse déchirée par la rotation de la Terre. Regardant par le hublot, Sorensky vit le spationaute français attaché à la navette par le tuyau d'oxygène, tel un fœtus à sa mère. Le copilote, le commandant Kosirev, et le physicien, le capitaine Gregrovine, flottaient également mais à l'intérieur de l'habitacle.

« Colonel, le panneau 678 est réparé ! » Le son était parfait. L'Agence spatiale européenne avait fourni les transmissions.

« Merci, Jean-Yves ! » répondit Sorensky dans son casque radio.

« D'où je me trouve, Colonel, je ne regrette qu'une seule chose… »

« Laquelle ? » interrogea le commandant de bord.

« ...Que ma femme et mes enfants ne puissent voir ce spectacle ! » L'astronaute du CNESS[23] espérait communiquer son enthousiasme à Sorensky. Mais ce dernier avait subi l'entraînement des Spetnatz[24]. Au sein de cette unité, tout refus d'obtempérer entraîne une unique sanction, immédiatement applicable : une balle dans la nuque ! Les hommes et les femmes sélectionnés pour être envoyés dans l'espace forment partout une surespèce humaine, physiquement plus résistante et moins sujette aux changements d'humeur. Mais en Russie, la psyché de certains cosmonautes est trempée dans un alliage particulier.

« Un jour, peut-être, ils le pourront ! » répondit distraitement le commandant de bord. Le copilote fit un geste en direction de Sorensky comme pour l'inviter à accélérer la manœuvre.

« Colonel Sorensky, vous avez déjà lu Blaise Pascal ? »

Adossé au mur du vaisseau, les pieds en apesanteur, le commandant Kosirev s'impatientait. Regardant sa montre, il hocha nerveusement la tête à l'attention de Sorensky. Ce dernier plaça alors sa main sur le micro et le remit sèchement à sa place : « Je sais ce que j'ai à faire ! » Dégageant l'émission du son, il répondit au Français : « Niet ! Pourquoi ? »

« Parce que s'il avait pu se trouver là où je me trouve en ce moment, il n'aurait pas douté ! Ici, les espaces infinis ne nous écrasent pas du tout ! »

« Vous en êtes sûr ? » interrogea l'officier russe d'un ton glacial.

« Pourquoi vous me demandez ça ? » Instinctivement, l'Occidental prit peur.

« Parce que je suis au regret de vous annoncer que notre mission entre dans une phase interdite aux étrangers. Compte tenu de l'altitude où nous nous trouvons, je suis malheureusement incapable de vous faire redescendre, croyez-bien que j'en suis sincèrement navré. Ce fut un plaisir de vous compter parmi les membres de mon équipage. Je ferai savoir à votre veuve que vous étiez un remarquable cosmonaute ! »

« Vous êtes complètement cinglé ! »

« Allons, un officier doit garder pour lui ses émotions ! Nous allons vous larguer dans l'espace, lorsque vous manquerez d'oxygène, dévissez votre casque, vous vous épargnerez des souffrances inutiles. Je vais décrocher à présent ! Je vous laisse, j'espère que votre Pascal avait raison ! » En pressant la touche qui fit sauter la valve détachant le spationaute de la navette, le colonel ne ressentit aucun remords.

« Au sec… »

Le casque du Français frappa lourdement contre le hublot. L'espace d'un instant, Sorensky crut apercevoir derrière la visière bleue les yeux convulsés de cet homme se sachant promis à une mort imminente. Puis la Terre se refléta sur son casque et il lâcha prise.

« Capitaine, mettez les gaz, nous partons ! » Les Russes virent le naufragé de l'espace s'éloigner. Tandis que le bibendum agitait les bras et les jambes dans le vide sidéral, sa silhouette s'éloigna de plus en plus, jusqu'à devenir un point minuscule sur la voûte céleste, poussière parmi les poussières cosmiques.

« Au travail, Messieurs ! Capitaine Gregorivine, activez les lasers[25] à iode ! Quelle est notre première cible ? »

« Un KKEW-Brilliant Peeble[26], en géostationnaire par 99 degrés de longitude ouest. »

Bruxelles, siège de l'OTAN, salle du haut état-major de l'Alliance atlantique, le 15 août

La Géorgie, l'Ukraine, l'Azerbaïdjan étaient en voie d'éclatement. En Ukraine, la République autonome de Crimée ainsi que la région à l'est du Dniepr demandaient à être rattachées à la Russie. De même l'Ossétie et l'Abkhazie en Géorgie ainsi que l'Arménie et le Haut-Karabakh appelaient les Russes à la rescousse. Pour l'instant, massées aux frontières, celles-ci attendaient. Avant de faire manœuvrer ses chars, le général Trotchev souhaitait ménager une porte de sortie à l'OTAN. Moscou avait demandé à l'Alliance atlantique de retirer ses troupes dans un délai de trois semaines. Européens et Américains devaient-ils dénoncer les engagements qu'ils avaient pris auprès des Républiques indépendantes et laisser la Russie se tailler un nouvel empire ?

Le secrétaire général attendit que les lourdes portes de la salle de conférence fussent cadenassées. Le bruit des pneumatiques fut suivi de celui de l'armement des verrous. Puis, le témoin lumineux passa du vert au rouge, indiquant que la pièce était acoustiquement et électromagnétiquement coupée du monde extérieur. Enfin, le Britannique M. Jackson prit la parole :

« Messieurs, avant même d'aborder la situation en Ukraine et dans le Caucase, je dois vous éclairer sur la situation de notre défense spatiale. En fait, la situation est assez simple à résumer : nous n'avons plus de défense anti-missile ! En effet, sans raison apparente, les satellites du réseau ont modifié leur trajectoire et se sont abîmés dans l'océan ! Enfin, nous avons obtenu confirmation du fait que le système informatique du Space Command[27] s'est trouvé paralysé quelques minutes à peine avant que nous perdions tout contrôle avec la navette *Potemkine*. J'ajoute que nous sommes sans nouvelle du cosmonaute de l'Agence spatiale européenne, Jean-Yves Sur, ce qui n'est pas sans poser de graves questions quant à sa sécurité. Je crois que ces éléments constituent des faisceaux d'indices suffisants ! Moscou vient de violer le traité de 1967 interdisant d'embarquer des armes à bord de vols spatiaux. En d'autres termes, je crains que ces enfants de salauds n'aient descendu nos satellites ! »

L'ancien commandant de la KFOR au Kosovo savait de quoi ses homologues russes étaient capables. Son visage rectangulaire était durci par deux yeux noirs profondément enfoncés dans leur orbite, deux pupilles de rapace, extrêmement mobiles. Voilà longtemps qu'il nourrissait des soupçons à propos de la mise au point par les Russes de lasers antisatellites, craintes largement confirmées.

« Le Space Command a été le premier affecté mais, comme vous le savez, la plupart des systèmes occidentaux reliés à des satellites militaires sont à présent perturbés. Le général Ravarroc, chef du SCSSI[28] de l'OTAN, sera peut-être à même de nous en dire davantage ! »

Teint cireux, épaulettes à quatre étoiles, le général français répondit à son homologue britannique :

« Monsieur le Secrétaire général, Messieurs, le Canada et les États-Unis nous ont transmis leurs conclusions au sujet de l'incident du 8 août dernier. Entre 16 heures 11 GMT et 16 heures 17 GMT, les autorisations d'accès[29] du Space Command ont été saturées par des dizaines de millions de messages ! Après enquête, la NSA a établi qu'un lien virus avait été introduit sur l'Internet trois mois avant cette date. À l'instant *t*, il a dérouté vers les autorisations d'accès du Space Command la totalité du trafic web pendant six minutes ! Il s'agit là de la plus redoutable attaque informatique jamais conduite ! Une telle prouesse révélait de la part des Russes une avance insoupçonnée mais ce que nous avons découvert par la suite était encore beaucoup plus imprévisible ! Nombre d'entre vous ont sans doute entendu parler d'une technologie baptisée « informatique quantique » : à l'heure où je vous parle, je crains que les Russes ne possèdent déjà plusieurs ordinateurs de ce type ! »

La salle fut aussitôt parcourue par une rumeur de stupéfaction.

« L'informatique quantique ne repose pas sur l'utilisation de flux d'électrons – le courant passe ou pas – en mode binaire. Elle fonctionne grâce aux photons. Pour simplifier, nos ordinateurs peuvent traiter 3 bits pendant un cycle d'horloge[30], c'est-à-dire qu'ils peuvent essayer 2 puissance 3 possibilités de codage. Un ordinateur quantique, grâce à une polarisation photonique sera, lui, capable, au cours du même laps de temps, d'envisager 10 000 exposant 3 combinaisons ! Autrement dit, si nos soupçons se confirment, les Russes seraient en mesure de casser tous nos codes RSA[31] ! »

« Vous voulez dire que les Russes peuvent casser un RSA disons en… ? » Le général italien Luciani, autre spécialiste réputé de la guerre électronique, se livrait à un calcul mental défiant son imagination.

« En trois minutes ! » confirma le chef de la sécurité des transmissions.

La plupart des généraux présents dans la salle se regardaient comme les passagers d'un avion lors d'un trou d'air.

« Mais si Moscou dispose de tels engins, alors nous ne pouvons plus protéger aucune transmission militaire ou civile ! »

« Attendez une minute, comment pouvez-vous être sûr d'une chose pareille ? »

« En premier lieu, cela fait plusieurs années déjà que leur GRU travaille à ces recherches. Par ailleurs, nous ne disposons d'aucune autre hypothèse plausible permettant d'expliquer pourquoi nos satellites ont brutalement changé d'orbite. »

« Ce que vous êtes en train de dire, c'est qu'après avoir intercepté nos codes d'accès, les Russes se sont identifiés auprès des satellites afin de corriger leur trajectoire pour qu'ils s'écrasent ? »

« Absolument ! »

« Ok, mais si je vous suis, non seulement nous n'avons plus aucune défense contre leurs armes atomiques, mais pire, nous sommes incapables de coordonner la moindre action militaire ! » Le secrétaire général était hors de lui.

« Exactement ! » répondit Ravarroc.

« Mais c'est une fenêtre idéale pour un État agresseur ! » L'Anglais était devenu blême.

VI

Les Sudètes de l'Asie

« Une fois suffisamment puissante pour ne compter que sur ses propres forces, la Chine pourrait bien nous évincer, voire se retourner contre nous, si telles sont les exigences que lui inspire la défense de ses intérêts. »

Henry Kissinger

Infortune et prospérité

Huaqiao, ceux qui ont gardé la nationalité ; *Waiji huaren*, résidents à l'étranger, ou encore *Tongbao*, compatriotes, difficiles à nommer les Chinois qui peuplent l'Asie sont également difficiles à dénombrer. 22, 25 ou 30 millions ? Dans certains pays, leur nombre exact relève du secret d'État. Ni tout à fait immigrants, ni réellement colons, les Chinois ne forment pas une diaspora comme les autres. Originaires d'un État-civilisation, ils revendiquent la culture dominante de l'Asie. Une situation originale car les peuples diasporiques semblent s'opposer aux peuples impériaux – Juifs et Romains; Arméniens et Turcs, etc. Certaines sont très assimilées, d'autres forment d'authentiques minorités, leur seul point commun étant leur richesse. Une prospérité qui pourrait engendrer l'infortune.

Li Ka-Shing, l'un des hommes les plus riches du monde, ou Aw Boon Haw, l'inventeur du baume du tigre, symbolisent ce formidable enrichissement. Tous les *coolies* ne sont pas devenus *tycoons*. Il n'en reste pas moins que la réussite des *huaquiaos* est bien collective. En 1992, leurs avoirs, dans le monde, étaient estimés à 2000 milliards de dollars. S'ils étaient regroupés en un État, son PNB approcherait celui de l'Espagne. En Thaïlande, la communauté détient 89 % des capitalisations boursières; à Singapour, 81 %; en Indonésie, 73 %. Aux Philippines, 60 % du commerce se concentre entre leurs mains. La prospérité des dragons reflète celle des Chinois qui y sont implantés. La richesse qu'ils affichent ostensiblement est parfois ressentie comme un affront. Certains États n'hésitent pas à freiner leur ascension. Ainsi, en Malaisie, il existe des restrictions d'accès à certaines professions. Dans beaucoup de pays, les communautés vivent repliées sur elles-mêmes, avec leurs banques, leurs commerces et leurs médias. Le caractère mystérieux que revêt leur organisation financière, les *huiguan* ou triades, alimente la défiance des populations locales. De nombreuses capitales d'Asie voient donc en eux des agents subversifs. Au moment de l'indépendance, les *huaquiaos* furent souvent mis en demeure de choisir entre la nationalité chinoise et celle de leur pays d'immigration. En Indonésie, Suharto, accusant la minorité sinisée d'être à l'origine du putsch de 1965, la réprima avec férocité.

Les pays d'accueil savent qu'ils ne peuvent compter sur leur parfaite loyauté mais ils apprécient leur rôle d'intermédiaires. À la fin du XVIIe siècle, dans les cours de Siam et de Java, des *huaquiaos* possédaient le titre de double ambassadeur. De nos jours, les gouvernements espèrent que « leurs » Chinois ouvriront le grand marché continental. Cette attente n'a rien d'illégitime. Ce sont en effet des capitaux *huaquiaos* qui firent décoller le continent. Des investissements qui représentent 80 % des immobilisations étrangères en République populaire. Cette richesse, fruit du labeur des Chinois expatriés, assure aujourd'hui un minimum de cohésion et de stabilité à l'Asie du Sud-Est. Que cette prospérité soit mise en cause, et la situation des *huaquiaos* deviendrait extrêmement précaire. Par ailleurs, si les intérêts de Pékin et ceux de ses voisins venaient à diverger, de facteur de rapprochement, les Chinois d'outre-mer deviendraient un ferment de division. Tout indique qu'une telle dérive a déjà commencé.

Entre 1985 et 1991, la part de l'Asie du Sud-Est dans le marché mondial de l'armement passait de 24 à 34 %. Depuis, la zone a dépassé le Moyen-Orient qui occupait la première place. Pékin donna le départ de cette course. Depuis 1990, l'armée populaire se modernise « tous azimuts ». L'intense activité exportatrice de l'APL – 5 milliards de dollars de recettes pour la seule année 1992 – ne s'explique que par la volonté d'acquérir un matériel sophistiqué. Le budget réel de l'armée chinoise s'élèverait aujourd'hui à 30 milliards de dollars. Comme l'écrit Jean-Luc Domenach[1], « la destination des nouveaux moyens donne à réfléchir ». Entourée d'États qui ne la menacent pas, insérée dans un univers de plus en plus mercantile, un tel effort ne peut avoir qu'un sens : la Chine nourrit des ambitions offensives. En réaction, les voisins s'arment. Le Japon dispose déjà du second budget de défense après les États-Unis. Les pays de l'ANSEA[2] possèdent 32 % de la flotte de combat mondiale. Dans cinq ans, 58 % du tonnage de guerre navigueront en mer de Chine. Les revendications de Pékin sur les eaux de Chine méridionale, principale voie maritime entre Proche et Extrême-Orient, alimentent l'inquiétude des riverains. Jalonnée d'une myriade d'îlots, cette mer intérieure asiatique risque de remuer. Sur chacune de ces îles, la Chine possède des visées. Les Chinois occupent la partie septentrionale des Paracels dont ils ont chassé les Sud-Vietnamiens en 1974. Mais au sud, Malais, Philippins, Taïwanais et Vietnamiens entretiennent des garnisons. Le caractère flou des frontières maritimes rend ces litiges inextricables. Surtout, des fonds, riches en hydrocarbures, attisent les convoitises. Sur l'archipel des Spratleys, l'or noir est l'enjeu d'une « drôle de guerre ». Elle oppose Pékin, Taipeh, Hanoï, Bruneï, Kuala-Lumpur et Manille. Sur les quarante-quatre principaux récifs, les protagonistes consolident leurs positions : piste d'atterrissage, stations radars, zone de mouillage, etc. Une telle activité se comprend : le sous-sol de l'archipel contiendrait plus de 20 milliards de tonnes de brut.

Or, si la Chine conserve son taux de croissance actuel, ses besoins énergétiques croîtront de 20 %. En 2005, sa consommation annuelle d'hydrocarbures équivaudra celle de l'ensemble des pays de l'OCDE. Sans nul doute, elle cherchera à mettre la main sur ces ressources. Elle a déjà commencé. En 1992, l'Assemblée populaire vote une loi sur la souveraineté maritime incluant toute la mer de Chine méridionale. Or, les Spratleys commandent les grandes voies navigables de la région. Ce qui n'empêche nullement Pékin d'y multiplier les provocations. Souvent cachés, des incidents s'y déroulent, tournant parfois à la bataille navale. Avril 1994, la marine vietnamienne chasse une corvette chinoise. Printemps 1995, en détruisant des fortifications de l'APL sur les Macclesfields[3], dix-sept soldats philippins trouvent la mort. Fin mars 1995, un navire malaisien ouvre le feu sur une frégate de Pékin. 1996, Manille coule deux canonnières chinoises. Mai 1997, une expédition de « radios amateurs » près de l'îlot de Scarborough tourne au bain de sang. À chaque fois, ces accrochages se déroulent à portée de canons de la VIIe flotte américaine. Jusqu'à présent, Washington a réussi à se tenir à l'écart. Jusqu'à quand ? Si la guerre éclate, les États-Unis et le Japon seront *ipso facto* impliqués. Car ni Washington, ni Tokyo n'assisteront sans réagir à la prise de contrôle par Pékin de ces jugulaires économiques que représentent la Sonde et Malacca. 90 % des importations énergétiques de Tokyo transitent par les deux détroits. La Chine entretient à dessein le souvenir douloureux des exactions commises par les forces d'occupation japonaises dans la région. Quant aux relations sino-américaines, elles se dégradent lentement mais sûrement. L'amitié entre les deux géants semble même « géo-politiquement dégradable ». Dans les académies militaires américaines, l'hypothèse d'un conflit avec Pékin devient un objet d'étude. En Chine, 87 % des personnes interrogées par le *Journal de la jeunesse*[4] définissaient les États-Unis comme le pays le plus hostile. Le bombardement de leur ambassade à Belgrade n'a pas apaisé la suspicion des Chinois. De leur côté, les États de l'ANSEA (Thaïlande, Birmanie, Malaisie, Singapour, Philippines, Indonésie, Brunei, Laos, Birmanie, Vietnam) multiplient les traités défensifs dirigés contre leur immense voisin. Ces États abritent d'importantes communautés chinoises. Facteur aggravant, ce peuplement se concentre dans les zones stratégiques des détroits.

Pour asseoir son autorité dans la région, Pékin sera peut-être tenté d'utiliser cette diaspora. La puissance financière alliée à l'entregent politique des *huaquiaos* font que ces derniers exercent un pouvoir occulte mais réel. La Chine dissimule mal son ambition de remplacer Washington dans son rôle de gendarme régional. Pour l'assouvir, elle pourrait satelliser les Chinois d'outremer et étendre son influence suivant des cercles concentriques. Dans ce cas, les États d'Asie du Sud renoueraient avec des comportements hostiles à l'égard de communautés perçues comme d'authentiques « partis de l'étranger ». Représentant 72 % de la population de Singapour et fournissant l'essentiel du personnel politique, ils n'y risquent rien. En Thaïlande, même s'ils ne forment que 8 % de la population, les Chinois sont également en sécurité. Par contre, au Vietnam et aux Philippines, ils sont mal intégrés. En Malaisie et en Indonésie, l'islamisme les prend pour cible. En avril 1999, dans la région de Medung, à Sumatra, encore récemment, les syndicats appelaient à des actions antichinoises. Dans ces États, les Chinois peuvent être doublement manipulés. Par Pékin, désireux d'étendre son influence, par les gouvernements locaux comme boucs émissaires.

Pris en étau entre une Chine agressive et des États craintifs, les *huaquiaos* risquent alors de jouer un terrible rôle de composition historique : celui de « Juifs » doublés d'« Allemands des Sudètes. » Un *remake* dont l'humanité ferait volontiers l'économie.

*
* *

Kuala Lumpur, lundi 20 décembre, à l'heure du déjeuner*

Le front stoppé par une rangée de boucles ébène, le teint cuivré, le visage rond et extrêmement mobile, Josué débordait d'énergie. Depuis qu'il s'était attablé face à son patron, une question lui brûlait les lèvres. Finalement, elle lui échappa : « Alors c'est décidé ? L'usine ferme ? »

Monsieur Wang écoutait sans lever les yeux. Penchant son bol de porcelaine, il approcha ses lèvres et s'aidant de ses baguettes, il aspira bruyamment la fin de son plat de nouilles. Puis il épongea délicatement sa bouche et son menton avec une serviette immaculée.

« Vous me croyez incapable de comprendre mes ouvriers, n'est-ce pas ? Vous pensez que j'ignore combien il sera difficile d'annoncer à leur famille qu'ils n'ont plus de boulot ! » Approchant la soixantaine, cela faisait bientôt dix ans que de la neige était tombée sur

* Relecture : Jean-Luc DOMENACH, sinologue, directeur scientifique de la Fondation nationale des Sciences politiques.

les cheveux de Monsieur Wang. Le directeur de l'usine était encore svelte mais il affichait l'air las des milliardaires embarqués sur des croisières dont ils ignorent la destination.

« Allons, Monsieur Wang, les gens comme vous sont à l'abri. Votre argent est au pays. Vous ne comprendrez jamais les Malais ! Avec la télé, le frigo et le scooter à rembourser, ces types possèdent moins que rien ! » Josué portait l'uniforme des *salary men* du Sud-Est asiatique. Costume sobre, chemise bon marché, cravate rayée : une tenue destinée à mettre en valeur les complets hors de prix importés de Saville Row par leurs boss.

« Parce que vous pensez qu'en arrivant ici, ma famille a ouvert une banque ? Ou un restaurant ? Non, ils furent *coolies*, c'est-à-dire vos porteurs, vos esclaves ! Vous reprochez aux Chinois d'avoir travaillé dur, de n'avoir pas dépensé un *ringgit*[5], d'avoir su lire et écrire depuis des siècles ? En somme, vous nous reprochez ce qu'Hitler reprochait aux Juifs ! » Wang disait vrai. En moins de trois générations mais au prix d'efforts inouïs, originaire de Shenzhen[6], sa famille était devenue l'une des premières fortunes de Malaisie.

« Les Juifs eux n'étaient pas les sujets d'un empire, Monsieur Wang ! Hitler fantasmait, les Malais n'ont qu'à ouvrir le journal pour comprendre de quel loyalisme les Chinois sont capables ! » C'était la première fois que Josué osait parler ainsi à un homme qu'hier encore il vénérait. Aujourd'hui, il était l'un des derniers employés de l'usine à accepter de s'asseoir à sa table.

« Je ne les défends pas mais qu'auriez-vous fait à leur place ? Le yuan[7] était attaqué, la Banque centrale de

Shanghai a stoppé l'hémorragie. Elle a fait ce qu'aurait fait n'importe quel établissement de réserve ! » Monsieur Wang alignait ses baguettes sur la nappe blanche.

« Et comme par hasard Singapour a suivi ? » Le Malais était exaspéré par la mauvaise foi de son interlocuteur qui choisissait manifestement ses mots afin de ne pas le choquer.

« Vous vouliez peut-être que les Chinois se ruinent pour sauver la Malaisie ? Cela aurait été de toutes façons inutile, nous aurions plongé avec vous sans pouvoir vous sauver ! »

« Vous ! » : cette fois, les bornes étaient passées. Il pensait avoir un compatriote en face de lui, il avait un étranger. Cet homme avait été bon. Il avait avancé l'argent pour qu'il achève son *Master* à Singapour. Il s'était porté caution de l'emprunt qu'il avait contracté pour s'installer dans un immeuble du centre-ville. Mais lui aussi s'était montré magnanime. Il avait toujours défendu son patron contre le syndicat. Il avait transpiré pour que sa firme préserve ses parts de marché. Sans se soucier du qu'en-dira-t-on, il l'avait invité à la circoncision[8] de ses deux fils. Mais là Josué se sentait ulcéré, trahi.

« Vous fermez l'usine dix jours après que Pékin a annoncé qu'en rapatriant vos capitaux, vous seriez exonéré d'impôt ! Et tous vos coreligionnaires en Indonésie, aux Philippines, au Vietnam font de même ! Monsieur Wang, je vais finir par croire Ali : vous autres Chinois, il n'y a que l'argent qui vous intéresse ! »

« Ne prononcez jamais ce nom devant moi ! » Le poing de Wang s'abattit sur la table, manquant de renverser la délicate vaisselle d'époque Tang. Les yeux du Chinois lançaient des éclairs. Ali, le chef de la section syndicale de l'usine, ne cachait pas son intention de « saigner » les Chinois. Des êtres impurs, aux dires de cet intégriste originaire du Kelantan[9]. La loi empêchait Monsieur Wang de jeter dehors ce fauteur de haine. L'année dernière, au tout début de la crise, après le saccage de plusieurs commerces *huquiaos*, des rumeurs avaient couru incriminant Ali et ses hommes de main.

« Je suis désolé Monsieur Wang ! Je vous prie de m'excuser, je voulais simplement… » Josué comprit qu'il avait été trop loin.

« … m'expliquer que ce tueur d'enfants a raison ? Mon jeune ami, votre nationalisme vous aveugle ! » Wang avait la voix éraillée. Lui aussi regrettait la dégradation de leur relation. Mais comment un non-Chinois pouvait-il comprendre que l'on doit rester fidèle à ses ancêtres ? Qu'il s'agit d'une question d'honneur, que l'argent n'a rien à faire là-dedans ? Comment un Malais aurait-il pu comprendre que depuis cinq mille ans, le fil du temps chinois n'avait jamais été rompu ? Que les succès de Pékin, le premier Chinois sur la Lune par exemple, l'avaient rempli d'une folle joie ? De tels sentiments étaient dénués de tout racisme. S'aimer, ce n'est pas détester les autres.

« La Chine n'est pas l'Occident ! Elle n'a pas besoin d'abaisser les autres pour être grande ! Pourquoi les Malais préfèrent-ils un maître américain à un partenaire chinois ? Qu'avons-nous apporté à cette région ? Des marchands, des idéogrammes, des vers à soie, des plants de riz ? » ajouta Monsieur Wang.

« En tant que Malais, je n'ai jamais admis qu'on lève la main sur un Chinois ; en tant que musulman, l'idée que l'on verse le sang parce qu'il n'est pas le vôtre me révulse. Mais reconnaissez que Pékin insulte le reste du monde. La Chine exige des autres pays qu'ils accomplissent le *kotow*[10] ! » L'indignation du jeune homme n'était pas feinte.

« La Chine est au centre. Acceptez-le ! Nous en tirerons tous profit ! Cessez de vous y opposer vainement. Tenez, si je saisis ce bol et que je le lâche, il se brisera. C'est ainsi. Eh bien, ouvrez un atlas, la Chine ne peut faire autrement que d'être au centre, vous n'y pouvez… »

Monsieur Wang n'eut pas le temps d'achever sa phrase. La vitrine vola en éclats à travers la grande salle du restaurant. Regardant en direction du bruit, les deux convives virent que des ouvriers malais armés de barre à mine avaient fait irruption dans l'établissement. « Au secours ! Au secours ! » hurlaient en mandarin les serveuses. Jupe noire et tablier blanc, elles couraient, épouvantées. Consciencieusement, les brutes s'étaient mises à défoncer les tables. L'un des forcenés, foulard de pirate noué sur la tête, cherchait une victime moins inanimée. Son regard croisa celui de Monsieur Wang. « À mort les Chinois ! » Il fondit sur sa proie. Par chance, Monsieur Wang avait ses habitudes. Il recevait ses hôtes dans une alcôve tendue de soie rouge au fond de la pièce. Le propriétaire du restaurant tira Josué et Wang par la manche. Les fuyards avaient si peur qu'ils sentaient leurs corps mous comme des éponges. Et pourtant, ils couraient à en perdre haleine. Traversant les cuisines, ils débouchèrent sur une porte close. En apercevant l'obstacle, le patron de l'usine et son employé crurent que la terreur allait les faire s'écrouler intérieurement. L'issue de secours s'entrebâilla : le garde du corps de Monsieur Wang les attendait, mitrailleuse en bandoulière. Empoignant vigoureusement les deux hommes, il les jeta à l'arrière du véhicule comme deux ballots. Le nez écrasé contre les sièges en cuir de la Mercedes, le Chinois et le Malais prièrent pour que cesse la fusillade. Assis à l'avant, le gorille vidait le chargeur de son Uzi afin d'effrayer les émeutiers. Le chauffeur, écrasant la pédale d'accélération, fit hurler les pneumatiques de la berline. Ils venaient d'échapper à un pogrom antichinois.

Monsieur Wang était à présent en sécurité dans son bureau. Après plusieurs rasades de thé brûlant, il sentait encore un frisson lui passer dans le dos. Avant le déjeuner, il dominait la ville du haut de son trente-quatrième étage, le dernier d'un building appartenant à sa société. Avant l'agression, il lui suffisait de presser sur la touche de son interphone pour faire tourner son usine. À présent, il regardait sa main trembler : il ne contrôlait même plus son propre corps ! Il était tellement ému qu'il ne pouvait plus se lever. Faisant pivoter son siège, il se tourna vers la baie vitrée. La cité paraissait normale. La baie de Kuala miroitait et les supertankers lâchaient leurs serpents de vapeur blanche vers le ciel. Tout autour une forêt de gratte-ciels se dressait, orgueilleuse. Pourtant, au nord, dans le périmètre du quartier résidentiel de Zinshang, trois colonnes de fumée noire montaient vers le ciel. Des habitations chinoises brûlaient.

Plate-forme pétrolière Mobil, récifs James, archipel des Spratleys, 1er janvier, premières heures du jour

« Si on m'avait dit que je retournerais ici ! » pesta Scott. Ce vétéran ne portait pas les « Viets » dans son cœur mais à bord de la Mobil 3-21, on servait des *pancakes* au sirop, on suivait les matchs de la NBA et l'on ne parlait qu'anglais. Le fait que la plate-forme soit située dans les eaux territoriales du Vietnam n'avait donc *a priori* aucune importance. La vraie raison d'une humeur aussi massacrante, c'est que le Texan avait passé la nuit du 31 tout seul. Les copains avaient fait la fête, trente mètres plus bas. Dans les cabines, la *bud* avait dû couler à flots et les « invitées » des ouvriers philippins valaient sûrement le coup d'œil. Malgré son dépit, il comprenait la compagnie. Quatre attaques de pirates en deux mois, cela ne pouvait plus durer ! Quelqu'un devait monter la garde. Le sort l'avait désigné pour réveillonner à son poste de vigie, au sommet du monstre d'acier. Une paire de jumelles autour du cou, son portable sur les genoux, Scott avait encore deux bonnes heures à tuer avant d'être relevé de son quart. Il voulait téléphoner à sa femme qui attendait son appel à Houston. S'il n'arrivait pas à la joindre dans les prochaines minutes, Kittie serait partie chez sa sœur et, comme il n'avait pas le numéro, il ne pourrait plus la joindre. Scott appuyait rageusement sur la touche *enter* de l'appareil.

« Ah et puis cette cochonnerie de téléphone qui ne capte rien, c'est vraiment de la camelote chinetok ! »

La cinquième tentative fut la bonne. Sur l'écran à cristaux liquides, deux puis trois arcs de cercle apparurent, indiquant que le portable venait d'accrocher un satellite. « Merci d'utiliser Bell-Pacific mais votre appel ne peut aboutir ! »

« C'est pas vrai, mais qu'est-ce que c'est que ce merdier, c'est la première fois qu'il se met en rideau ! Et juste aujourd'hui ! » grogna Scott. Mobil avait fourni à ses employés le dernier cri en matière de cellulaire. L'iridium possédait une couverture mondiale assurée par soixante-douze satellites en orbite basse. Il était donc surprenant de ne pas avoir de ligne. Mais Scott se rappela qu'on était le matin du Jour de l'an et que probablement des dizaines de milliers d'expatriés essayaient d'appeler en même temps. Son regard croisa la plate-forme Shell qui tanguait dix miles au nord. Dans le même axe, avec une vue perçante on aurait pu apercevoir au moins deux autres installations *offshore*. Cette vision le conforta dans son explication : les fréquences étaient saturées. Depuis que l'on savait que les réserves d'hydrocarbure dans les Spratleys dépassaient les 25 milliards de tonnes, les compagnies s'étaient jetées sur ces récifs comme des mouettes sur un banc de sardines. Mobil était l'une des toutes premières sur zone et avait choisi un emplacement particulièrement favorable à l'extraction. Un site apprécié des géologues mais aussi des ruffiants qui écumaient ce bras de mer. Scott avait repris son observation. Il scrutait les flots quand l'image des vagues devint floue puis se brouilla tout à fait. Il tenta en vain d'ajuster sa vue. Puis il redressa la tête. À ses pieds, le Thermos de café était secoué comme un *shaker*. Pourtant, le vent soufflait à peine et la mer paraissait calme. Les quelques moutons d'écume alentour étaient bien incapables de faire trembler les 170 000 tonnes de la construction. Ce qu'il ressentait n'avait d'ailleurs rien à voir avec le roulis de l'océan. La plate-forme ne gîtait pas, elle trépidait. Scott sentit ses oreilles s'emplir d'un bourdonnement. Il se leva, ouvrit la porte métallique et s'avança sur la passerelle. Immédiatement, la brise saline lui cingla le visage. Le ronronnement allait en s'amplifiant. Il eut bientôt l'impression d'avoir collé son oreille contre le capot d'une Buick dont le moteur tournait à plein régime. Instinctivement, il leva les yeux.

« Ah, ça alors ! Nom de Dieu de nom de Dieu ! » Le ciel était couvert d'avions ! Le ronflement régulier des hélices et des réacteurs saturait ses tympans. L'armada passait juste au-dessus. Jamais, même à Saigon, en 1971, il n'avait vu autant d'appareils voler en même temps. Ce n'était pas quatre, cinq ou six mais au moins dix escadrons qui déchiraient l'horizon ! Certains aéronefs ventrus ressemblaient à d'énormes pélicans : probablement des Ilyushin IL-76, des transports de troupes, d'autres avaient un dard en guise de nez, sans doute, des chasseurs SU 27, d'autres encore possédaient des champignons sur le dos, vraisemblablement des avions radars.

La tête jetée en arrière, Scott observait le ballet aérien lorsqu'il sentit son portable vibrer dans le creux de sa main. Portant machinalement l'appareil à son oreille, il décrocha.

« Allô chéri, c'est Kittie ! Bonne année ! Je suis avec Martha et Paul et nous pensons à toi ! », son épouse déversa un flot de paroles sucrées. Tu sais, chéri, j'ai eu du mal à te joindre, j'ai bien cru ne pas te parler, mon lapin ! Allô ! Allô chéri ! Tu es là ? Allô ? »

« Oui Kittie, je suis là. Écoute, ici, il se passe un truc complètement dingue. Il y a des zincs partout, au moins un millier… Allô ! Kittie, allô ! » Plus aucune tonalité.

Scott rentra immédiatement donner l'alerte et alluma la radio. « *Qian qing hon zhong…* ! » sur la fréquence habituelle de la plate-forme une voix hurlait dans une langue qu'il ne comprenait pas. Le Texan dévala si vite les marches grillagées qu'il manqua de se rompre le cou. Une heure plus tard, l'équipage s'était arraché à un lourd sommeil. Ses membres étaient réunis dans la grande salle sur l'aile bâbord de la plate-forme. Tennis délacés aux pieds, le directeur d'exploration était encore en robe de chambre. Il aurait sûrement dû rassurer ses hommes, leur dire quelque chose, mais quoi ? Devant eux, le spectacle était suffisamment éloquent. L'océan était parsemé de rectangles gris. Frégates, destroyers, corvettes lance-missiles, barges de débarquement chargées jusqu'à la gueule croisaient sous leurs yeux. Les fanions rouge vif claquant à l'arrière des bâtiments ne laissaient aucun doute sur leur nationalité. Chez Mobil comme ailleurs, « risque pays » était synonyme de primes. À part ça, c'était surtout un truc pour juristes. À présent, le « risque pays » s'étalait. Invincible.

« Commandant, je crois que cette frégate s'avance vers nous ! » Scott était non seulement l'une des rares personnes à jeun mais il avait surtout disposé d'un peu plus de temps que ses collègues pour encaisser le choc. »

« Messieurs, pas de panique, nous ne sommes pas armés, nous ne risquons rien ! » marmonna le boss tout en renouant sa robe de chambre. Naturellement, le directeur ne croyait pas un traître mot de ce qu'il venait de dire.

Le navire filait trente nœuds et se rapprochait à vive allure. Mitraillettes au poing, des marins étaient alignés sur les bastingages. Sur la proue de la vedette, un officier tenait un haut-parleur à la main. Le chef d'exploitation fit un signe de tête à son second. Descendant les quelques marches qui les séparaient de l'avant de la plate-forme, les deux hommes avancèrent à la rencontre du bâtiment.

« C'est le capitaine de corvette Jiang qui vous parle ! Vous n'avez rien à craindre ! La marine populaire vient libérer les Nansha Qundao[11] mais votre concession sera renouvelée et vous pourrez bientôt reprendre le travail ! Nous sommes désolés d'avoir momentanément interrompu vos télécommunications, elles seront rétablies dès que possible ! »

Les Occidentaux restaient interdits.

« En application de l'article 121, titre 8 de la Convention de Montego Bay[12], vous vous trouvez à présent dans nos eaux territoriales. Aussi, vous voudrez bien rassembler les passeports de l'équipage afin que la douane chinoise les mette en règle ! »

La frégate légère décrivait des ronds dans l'eau comme un cheval sauvage, l'eau battue par ses hélices moussait.

Les soixante-dix-huit employés de Mobil demeuraient pétrifiés. Tandis que le Chinois répétait dans son haut-parleur : « Vous n'avez rien à craindre ! » Au loin un canon tonnait. Scott regarda en direction de la plate-forme Shell et vit une gerbe orange lécher le ciel.

Paris, 3 février, Centre de conférence international, 18 heures

Comme chaque soir à Paris, les chauffeurs de taxis tambourinaient sur leurs klaxons pendant que les belles se remaquillaient dans leurs rétroviseurs. Dehors, c'était la sortie des bureaux. À l'intérieur, c'était aussi le blocage. Mais l'atmosphère de cette pièce donnant sur la rue Lapérouse était tout autre. D'épais rideaux translucides créaient une clarté laiteuse. Un silence oppressant régnait, rompu seulement par le tintement cristallin d'une horloge Louis XV trônant sur une cheminée de marbre. Au-dessus, un miroir feuilletté d'or augmentait encore le volume de la salle. Le ministre français des Affaires étrangères était un grand admirateur de Talleyrand. Comme son modèle, il était persuadé que, dans le fond, tout est forme. Souffler des reparties, inventer puis déplacer les décors dans l'existence de ses contemporains, voilà ce qui l'avait mené au faîte du pouvoir. La pièce qu'il mettait en scène aujourd'hui était un drame. Ses hôtes jouaient à la guerre, activité ridicule et grandiloquente. Il fallait les sortir de l'impasse. Mais à observer les visages fermés des participants, il comprit que ni les dorures des palais nationaux, ni le vol-au-vent, ni le moulin riche 64 n'avaient entamé leur sérieux. Désolant ! songea-t-il. Une citation lui revint en mémoire : « Mon Dieu, donne-moi des ennemis que je puisse respecter ! » Tous ces chefs d'État avaient probablement abusé de Nietszche ! Enfin, il fallait ouvrir le bal. Pour cela, rien de mieux qu'un bon coup de canne sur le parquet : « Mesdames, Messieurs, au nom du gouvernement français, je voudrais rappeler que si nous ne trouvons pas une issue négociée, l'ultimatum prévu par la résolution 2008-54 du Conseil de sécurité prendra effet dans soixante-douze heures ! »

« Votre Excellence, si vous permettez ? » commença le secrétaire d'État américain.

« Monsieur le Secrétaire d'État, je vous en prie ! » Il plaisait au ministre que l'Américain, jeune et brillant diplomate, fasse les premiers pas. »

« Tous les membres de l'APEC exigent qu'il soit mis fin, dans les plus brefs délais, à l'obstruction des voies maritimes en mer de Chine. Les détroits doivent être immédiatement rouverts à la navigation. »

« Je vous remercie, Monsieur le Secrétaire d'État. En effet, vous avez mille fois raison de souligner que le temps presse et... » Le Français qui tentait de polir l'intervention de son homologue ne put achever sa phrase.

« Comme toujours l'Amérique parle fort mais brandit un bâton trop court ! » s'exclama le représentant de Pékin. Barré par une frange de jaie laquée sur le côté, le visage du Chinois paraissait serein.

Après cette interruption, l'assemblée resta un instant silencieuse. Puis le ministre indonésien des Affaires étrangères, Ali Atalas, prit la parole.

« Monsieur Lee, lorsque votre gouvernement offre aux autres États de partager les ressources de la zone en échange de la reconnaissance de votre souveraineté sur toute la mer de Chine, les Indonésiens savent ce que valent vos promesses ! Nous avons essayé d'exploiter les gisements de Natuna[13] avec vous mais je peux témoigner de votre sens très particulier de l'équité : 80 % pour Pékin, 20 % pour nous ! » Pendant la traduction, la plupart des personnalités opinaient du chef.

« L'expression de mer de Chine n'a pas été choisie par les colonialistes par amour de la Chine. Comme son nom l'indique, elle reconnaît un fait objectif ! » ponctua le Senior Minister de Singapour, État récemment exclu de l'ASEAN[14] pour collusion avec Pékin.

« Le délégué qui vient de s'exprimer aurait dû le faire en chinois ! Il est chinois ! »

Fixant avec haine son collègue de Singapour, le Vietnamien poursuivit : « Cet homme est porteur d'un passeport chinois ! Singapour est à présent occupé par la marine chinoise ! Il est tout à fait scandaleux que la Chine dispose ainsi de deux voix, sans compter les collabos thaïs ! »

« Allons, allons, Messieurs, nous sommes ici entre gens de bonne compagnie. Puis-je vous rappeler que nous devons régler des intérêts qui n'ont rien de personnels ! » Le patron du Quai d'Orsay ne désespérait jamais. Mais le Vietnamien qui n'avait pas quitté du regard l'homme de Singapour reprit, imperturbable : « Comment les gouvernements occidentaux tolèrent-ils une chose pareille ? Deux voix pour un État ! »

L'Américain but son verre d'eau minérale d'un trait avant de répondre : « Monsieur le représentant de Hanoï, Singapour est actuellement occupé, cela ne signifie pas que la cité-État ait été annexée. Je vous rappelle que c'est la reconnaissance internationale qui consacre la souveraineté et non la simple occupation. Le fait que Pékin ait décidé d'accorder la nationalité à ses ressortissants d'outre-mer ne nous choque pas. À cet égard, l'État d'Israël et la République fédérale d'Allemagne constituent des précédents. Il va de soi que les pays qui accordent leur nationalité confèrent à leur diaspora un droit au retour mais ils ne peuvent prétendre exercer une souveraineté ! Nous faisons fausse route. Ce qui nous occupe ici, ce sont, je vous le rappelle, deux problèmes bien précis : premièrement, l'interruption du trafic maritime en mer de Chine, et deuxièmement, l'occupation par la force des Paracels, des Spratleys, de Singapour et du Sarawak[15] ! Les États-Unis condamnent fermement l'agression et ne toléreront pas que la liberté des mers soit ainsi violée ! »

« L'Amérique se trompe de guerre, nous ne sommes plus au temps de l'opium ! Pékin n'a fait que protéger ses ressortissants massacrés aux Philippines, en Malaisie, en Indonésie. Je constate d'ailleurs que le seul État où la populace ne s'est pas jetée sur les Chinois est aussi le seul à partager nos vues. La Thaïlande a compris que nous formons tous une même famille ! »

« Mais vous avez bombardé Saigon et Djakarta ! Vous avez violé notre souveraineté ! » lâcha le chef de la délégation malaise.

« Je ne crois pas avoir entendu beaucoup de capitales de l'ASEAN condamner l'OTAN lorsque celle-ci viola la souveraineté yougoslave au Kosovo et lorsque les bombes impérialistes massacrèrent le personnel de notre ambassade au mépris de la convention de Vienne[16] ! Nous autres Asiatiques n'avons rien de commun avec l'amoralisme qui poussent les Occidentaux à créer des règles dures. Nous aspirons à l'harmonie ! »

« Le gouvernement des Philippines sait qu'il peut compter sur ses alliés américains et japonais. Nous n'avons donc aucune crainte : il recouvrira sa pleine et entière souveraineté ! » En écoutant la traduction simultanée de l'intervention de son collègue philippin, le représentant du Kabutocho[17] laissa échapper un « *haië*[18]*!* ». Tokyo venait de signer un pacte défensif avec Manille.

« Nos besoins en pétrole augmentent de 20 % chaque année, l'Occident comprendra que nous n'avons aucune intention de répéter l'erreur[19] qui fut la sienne en 1973. Un philosophe européen a dit un jour "la terre appartient à ceux qui la cultivent". Eh bien, les hydrocarbures appartiennent à ceux qui les brûlent ! C'est pourquoi notre assemblée a voté la loi du 25 février 1992 afin de garantir un espace vital à la Chine. »

« Espace vital ! » Aux oreilles du Français, le terme fit l'effet d'une désagréable fausse note. « Espace vital » ! Les Chinois avaient lu Nietszche à travers les pires exégètes !

Parages des Senkaku, mer septentrionale de Chine, douze minutes avant l'expiration de l'ultimatum

Le contre-amiral Kimura et ses hommes attendaient en silence. Le pacha du submersible et son officier de quart ne pouvaient quitter des yeux l'imprimante cryptée sur laquelle l'ordre d'ouvrir le feu ne tarderait plus à arriver. L'ennemi, la flotte chinoise, était situé à moins de 300 nautiques à l'est. Les « poissons », c'est-à-dire les torpilles, étaient armés dans les tubes, prêts à être tirés. Les cibles étaient toutes rentrées dans les ordinateurs de bord. Kimura Iraichi était probablement le meilleur sous-marinier de la chasse nipponne. Il était aussi l'officier le plus craint et le plus respecté. Mais à quoi bon ! Il y a longtemps de cela, pendant son stage de fin de brevet effectué à Annapolis, Kimura s'interrogeait encore sur l'opportunité de rejoindre les forces d'autodéfense. Il avait vingt et un ans. Au pays, on venait à peine de voter la loi PKO[20] et l'uniforme était très impopulaire. À quoi bon les forces armées ? C'est ainsi que l'on raisonnait à la fin du XXe siècle. Aujourd'hui, l'archipel tout entier se blottit contre son armée. Si seulement il avait pu imaginer le nœud coulant du destin ! À présent, il pensait à ces jeunes soldats réunis autour de lui et qui cherchaient sur son visage impassible une trace de réconfort. Les premiers affrontements avec les Chinois avaient été si violents que s'ils devaient reprendre, nul ne sait combien de victimes il faudrait déplorer. Il pensait aussi à son épouse Songmi et à sa petite Yoshiko qui devait être née à présent. Les reverrait-il un jour ? La réponse était en train de sortir du capot du télécopieur. Le papier sortait très lentement, en suivant le même rythme que les crépitements de l'appareil. Son adjoint, le second Hiroshi Sakamoto, déchira la feuille d'un coup sec et tendit à son supérieur le document.

« Amiral, le fax de Tokyo ! »

Kimura sentit soudain que son cœur tentait de sortir de sa poitrine. Combien de temps a-t-il mis pour parcourir la missive ? Dans son cerveau, la trotteuse s'était arrêtée.

« Arrivé classé/Message critique

P.C. de la force océanique stratégique de Tokyo, 17 h 8 GMT.

À l'attention de l'amiral Kimura, commandant en chef du Tanaka.

Expiration du délai. Ordre de tir annulé. Ultimatum repoussé d'une semaine par Conseil de sécurité. Reprise des pourparlers de Paris. »

Kimura relut afin de s'assurer qu'il ne s'était pas trompé. C'était bien cela : l'ultimatum était reporté d'une semaine. Il ressentit ce que ressentent les condamnés à mort obtenant un sursis de dernière minute. Une joie océanique l'envahit. Une semaine, c'était largement suffisant pour trouver une solution négociée et pour éviter de replonger dans le cauchemar.

« Ici votre commandant. Message à tout le personnel. L'ultimatum est reporté. Je répète, l'ultimatum est reporté ! » Puis, usant d'un ton moins formel, il ajouta : « Messieurs, la paix a encore une chance ! »

Aussitôt, l'équipage laissa éclater sa joie et les hommes se congratulèrent. Kimura éprouvait un immense soulagement. Il avait plaisir à contempler ses hommes qui souriaient en se saluant. L'état de grâce dura le temps d'un battement de cil.

« Commandant ! Commandant ! Détection torpille ! » Le sang du pacha se glaça : « Quoi ? Vous voudriez bien répéter ? »

« Contrôle ici sonar, détection torpille, relèvement deux huit zéro ! Je confirme, Amiral ! »

« Attention, tous à vos postes ! Détection torpilles ! Machines en avant toutes ! » ordonna Kimura dans l interphone.

« Neuf cents pieds, paré, confirma l'officier de plongée, barre de plongée à moins seize degrés. » Le timonier poussa la barre inclinant le *Tanaka*. Le sous-marin piqua du nez et passa sous la thermocline.

« Portée du poisson ? » demanda le commandant.

« Sept mille mètres. Il fonce droit sur nous ! »

« Estimation du temps d'impact ? » demanda Kimura

« Quarante secondes ! »

Au même moment, réfugié à Shanghai, Monsieur Wang regardait le grand journal télévisé du soir. Un milliard deux cent cinquante millions de Chinois, unis dans l'espoir que leur pays ne serait plus jamais humilié, attendaient, avec lui, la déclaration du président de l'Assemblée nationale.

« Mes chers compatriotes, la Chine n'a pas accepté l'ultimatum de l'Occident et de ses valets. Plutôt que d'attendre l'agression, nous avons pris l'initiative. C'est un grand jour dans l'histoire de notre nation. Dorénavant et à compter de ce jour, la Chine ne se laissera plus agresser par les barbares ! »

VII

Ravage à Riyâd

« Nous, musulmans, nous soutiendrons la Chine dans son combat contre l'Amérique, chef des croisés chrétiens (...). Nous souhaitons la victoire de la Chine! »

Sermon de Khadafi à Tripoli, le 13 mars 1994

La malédiction pétrolière

En 1996, la Maison Blanche commande à la CIA une *hard target strategy* sur l'Arabie Saoudite. De telles « études de risques approfondis » sont habituellement lancées afin d'évaluer la menace que des pays aussi instables que l'Irak ou la Corée du Nord font peser sur les États-Unis. Visant Riyâd, cette procédure ne laissait planer aucun doute : l'Amérique redoutait de perdre l'une des principales pièces sur son échiquier stratégique. En 1945, Ibn Saoud[1] transformait son pays en quasi protectorat américain. Depuis, les relations bilatérales entre la première puissance du monde et la monarchie abritant les premières réserves pétrolières de la planète furent parfois distendues – révolution de palais à Riyâd en 1964, mutineries financières de l'OPEP en 1973 puis en 1979 – mais elles ne semblèrent jamais sur le point de se rompre. Or, le 13 novembre 1995, une bombe tuait cinq conseillers américains à Riyâd. Le 25 juin 1996, dix-neuf GI trouvaient la mort sur la base d'El Khobar dans l'attaque d'un camion piégé. En 1998, les ambassades US de Dar-es-Salaam et de Nairobi étaient la cible d'attentats meurtriers. Perpétrés par des sujets saoudiens, ces actes révélaient le rejet par une partie de la population de la domination américaine. De principal pivot de la puissance américaine, l'Arabie Saoudite devenait un des leviers pouvant la renverser.

Longtemps, l'Amérique a vu dans l'arriération saoudienne un gage de stabilité. Championne des droits de l'homme, elle a encouragé l'ultrarigorisme des Wahhabites. Cherchant à se montrer plus intégriste que les Islamistes, l'Amérique fit fausse route. En Algérie, en Afghanistan, au Cachemire, en Égypte, les pétrodollars saoudiens armèrent des Islamistes dont le fanatisme n'avait rien à envier aux gardiens de la révolution iranienne. Les Talibans fournissent un parfait exemple de ce sanglant retour de boomerang. Forts du soutien américain, les « étudiants islamistes » s'installent à Kaboul en 1996. Trois ans plus tard, ils offrent refuge à Oussama Ben Laden, ennemi public numéro un à Washington. Ce dernier représente un autre cas d'école. Riche Saoudien, parti délivrer l'Afghanistan avec la bénédiction de la CIA, le « Che » des musulmans retourna sa kalashnikov contre ses protecteurs. Il n'y a donc pas que les colonels progressistes qui puissent défier l'Amérique. Mais obnubilés par le risque d'un coup d'État républicain, les États-Unis poussent les forces saoudiennes à réduire leurs effectifs. Ainsi, protégeant une population quatre fois plus importante que la Jordanie, elles possèdent des effectifs à peine deux fois plus nombreux.

Washington recommande également au royaume d'importer sa main d'œuvre[2] afin d'éviter la dangereuse prolétarisation de ses sujets tandis que la manne pétrolière entretient artificiellement une vaste classe moyenne. Mais en dépit de tels efforts, l'Arabie Saoudite n'a pu demeurer figée. Sa démographie a explosé. Même doté d'une faible densité, le pays compte aujourd'hui 22 millions d'habitants. Une telle population ne se clientélise pas aussi facilement qu'une poignée de tribus. En moyenne, une Saoudienne élève six enfants. 40 % de la population a déjà moins de quinze ans. Dans dix ans, un habitant sur deux aura moins de dix-huit ans. Les généreux programmes éducatifs[3] visant à préserver la paix civile en élevant le niveau scolaire risquent de produire des effets inverses à ceux escomptés. Pour une population habituée à un Islam ultrarigoriste, l'arrivée du câble, de la télévision par satellite et d'Internet représente un choc culturel d'une violence inouïe. Quelles que soient les mesures arrêtées par Riyâd pour interdire ces nouveaux vecteurs de communication, ils ne pourront être abolis. Tôt ou tard, les Saoudiens connaîtront la face cachée de la prude Amérique. Ce risque, les États-Unis n'en prendront conscience qu'après la guerre du Golfe. Ils pousseront alors les autorités à lâcher du lest. En 1992, la censure assouplit son contrôle. La même année, une assemblée sera créée, le Majlis al-Choura, conseil purement consultatif dont les membres sont nommés par la famille royale. Ces initiatives paraissent bien timides. Au printemps 1993, une organisation[4] parallèle se crée. Très critiques à l'égard du pouvoir, ses membres ne tarderont pas à être incarcérés, ce qui soulèvera une vive émotion dans le pays. Puis ce sera au tour des religieux de manifester leur mécontentement. Les oulémas adoptent une pétition dénonçant la présence de soldats non musulmans à proximité des lieux saints. Signé par plus de cent religieux, un « mémorandum de conseil » réclame des réformes. En octobre 1994, le roi Fadh doit encadrer plus étroitement le culte. Pour ce faire, un Haut conseil pour les Affaires religieuses et un Haut conseil pour l'Orientation islamique seront ouverts. Un mois plus tôt, dans la province de Quasim, berceau du wahhabisme, un prédicateur[5] était arrêté. L'intervention provoquera des heurts entre la population et la garde nationale.

Ainsi, à peine entrouvert, le couvercle se referme brutalement sur une société pressurisée. Une maladresse qui fait le jeu de l'opposition islamiste.

Goûtant peu la chronique de cour façon Stéphane Berne, les deux principales organisations d'opposants basées à l'étranger, le Comité de défense des droits légitimes d'Al-Massani et l'Organisation pour la défense des droits légitimes d'Oussama Ben Laden font circuler des cassettes dénonçant la corruption et l'incompétence de la famille royale. « Appel des Cent », réformes libérales tardives, la situation saoudienne rappelle les derniers jours de la monarchie de Juillet. Après une embolie en 1995, le roi Fadh est écarté du trône au profit de ses frères du clan Soudeiri. Ces derniers sont à leur tour évincés par leur demi-frère, Abdallah, souverain à la santé fragile. Le ralentissement de l'activité économique accroît encore les risques d'instabilité. Riyâd finança une large part de la guerre du Golfe tandis que l'achat d'armes et l'entretien de troupes sur son sol grèveront son budget. Avant même de supporter ces charges, la chute des cours avait fragilisé les finances du royaume. En 1996, la richissime pétromonarchie affichait un solde déficitaire de 5 milliards de dollars. Pour boucler ses comptes, l'État saoudien accroît alors sa production de brut. Pour l'instant, cette stratégie a restauré la croissance. Mais à terme, le retour de Bagdad sur le marché abaissera le prix du baril.

L'intervention américaine dans le Golfe aura donc ébréché la monarchie. Pour la population, le stationnement d'armées « infidèles » fut ressenti comme un viol de souveraineté, voire un blasphème. Les autorités ne purent que tenir compte d'une telle irritation. La monarchie prit alors de plus en plus ses distances à l'égard de Washington. L'enquête menée par les autorités américaines à propos des attentats de 1995 et 1996 allait leur ménager quelques surprises[6]. Ainsi, l'automobile ayant servi à l'attaque de juin 1996 fut retrouvée mais, six mois durant, Riyâd refusera au FBI de pouvoir accéder au véhicule. De même, les Saoudiens exécutèrent des coupables de l'attentat du 13 novembre 1995 avant que les limiers américains aient pu les interroger. Or, plus la famille royale prendra ses distances à l'égard des États-Unis et plus elle légitimera ses détracteurs. Quant à l'immobilisme, il ne se révèle pas moins dangereux que le réformisme. Politiquement, la situation semble inextricable.

Pour empêcher l'Arabie Saoudite de suivre une pente révolutionnaire, Washington devra donc faire preuve d'une détermination sans faille, d'infiniment de doigté, peut-être même d'un peu de chance. Un scénario à l'iranienne se reproduisant à Riyâd aurait en tout cas des retombées autrement plus graves. En premier lieu car les États-Unis ont cédé à l'Arabie Saoudite chasseurs F 16, missiles antimissiles Patriots, chars Abrhams, une armada qui pourrait se retourner contre l'Occident. Surtout, la perte de l'Arabie Saoudite serait dramatique en raison de l'immensité de ses ressources énergétiques. La position géostratégique de la monarchie démultiplie ce risque car qui contrôle le Hedjâz se rend maître de toute la péninsule Arabique. Un régime islamiste installé à Riyâd aurait tôt fait de mettre la main sur 70 % des réserves pétrolières mondiales. Une telle éventualité placerait l'Occident face à un insurmontable dilemme : abandonner ce formidable moyen de pression à des forces idéologiquement hostiles ou récupérer les gisements par la force mais au prix de ses principes. À moins que d'ici là, d'autres acteurs – Chine, Inde, Russie – ne soient en mesure de dissuader l'Europe ou les États-Unis de se lancer dans une opération de type Suez. De plus, l'Arabie Saoudite abrite La Mecque et Médine. *Ipso facto*, le protecteur des lieux saints dispose d'une formidable caisse de résonance théologique dans tout l'Islam. Enfin, qu'adviendrait-il de l'État hébreux ? Golda Meir avait prévenu : « Désormais, les Juifs préféreront les reproches aux condoléances. » Une prophétie dont on n'ose imaginer qu'elle s'accomplisse alors qu'Israël détient la bombe.

*
* *

Villeneuve-Loubet, Côte d'Azur*

De la Marina, la baie de Nice ressemblait à une carte postale. Mais ce n'était pas pour la vue que Thierry et Myriam s'étaient installés sur un balcon du sixième étage. Les paparazzi y avaient monté leur trépied dans l'espoir de mitrailler un yacht de luxe mouillant à quelques kilomètres du rivage. En ce début d'après-midi, la patience du couple était enfin récompensée : dans le téléobjectif de leur Canon F 5, une barre chrome et bleu marine tanguait sur une Méditerranée étincelante. Les prises s'enchaînaient. Sur le pont, un barbu, la quarantaine, en short de bain, se prélassait sur un transat. Allongée à ses côtés, une rouquine sirotait un verre. Debout, une blonde à la poitrine californienne se dandinait.

« C'est ton style, hein ? » questionna Myriam. La créature sur le parquet de teck esquissait une danse du ventre. La fille était une vraie pâtisserie libanaise : suave mais fine, sucrée mais délicate.

« La rouquine n'est pas mal non plus ! » admit Thierry. Maillot turquoise, chevelure incendiaire, diamant incrusté dans le nombril, la deuxième fille avait des jambes à n'en plus finir.

« Tu vois ce que je vois ? » Myriam médusée vit la rousse se débarrasser du triangle turquoise dissimulant sa féminité. La pièce de tissu pendait à son orteil couleur framboise, d'un coup de pied taquin, elle la jeta sur le pont.

« Avec ce soleil, elle risque pas d'attraper froid ! » L'ironie de Thierry cachait mal son émoi.

---

* Relecture : Didier BILLION, chercheur à l'Institut de Relations internationales et stratégiques (IRIS).

« Regarde-moi ça ! Voilà que la deuxième se dégrafe ! » La blonde se cambra, faisant coulisser son sous-vêtement grenat le long de ses formes. Myriam pris une demi-douzaine de clichés en rafales.

« Dis donc, cela devient limite ! Je me demande même si *Match* va les prendre ! » Le propriétaire du yacht ne tarda pas à se trouver dans une tenue aussi indécente que celle de ses invitées.

« T'inquiètes, on va faire deux paquets : un soft et un hard. On trouvera toujours un canard pour refourguer les hards ! » Myriam restait indifférente comme s'il s'agissait d'un reportage animalier.

« J'espère que tu as raison ! » Thierry était nettement plus émoustillé. Les clichés se succédaient sans qu'il soit nécessaire de demander aux figurants de prendre la pose.

« Qui c'est ce mec ? » Myriam savait très peu de chose sur ce brun moyennement ténébreux que des bourrelets et une pilosité de primate rendaient peu photogénique. Il devait s'agir d'une personnalité très importante puisque l'immeuble avait été envahi par ses gardes du corps.

« J'sais pas, y paraît que c'est un roi du pétrole ! » répondit distraitement Thierry. Le photo-reporter n'avait pas la mémoire des noms. Dans sa profession, la mémoire visuelle était nettement plus utile et… plus agréable.

Mauritanie, Kaedi, bordures du fleuve Sénégal

Survoler un fleuve dans une zone aride est toujours impressionnant. Aux abords de l'eau, les teintes miel et ocre de la terre virent brutalement au vert bouteille. Vu du ciel, le Sénégal offrait un tel contraste. Côté mauritanien, les rives appartenaient de longue date aux musulmans. Ces derniers, dominant l'État mauritanien, avaient retiré leur nationalité aux Noirs, chrétiens et animistes. Avec la pénurie d'eau potable créée par l'explosion démographique, une telle décision équivalait à condamner à mort leurs concitoyens à la peau sombre.

En tirant sur le manche de son appareil, Abdel se dit que, dans son pays, la question noire serait depuis longtemps réglée sans l'intervention des Occidentaux. De quoi se mêlaient-ils ?

Ces mécréants vivaient dans le luxe et s'entêtaient à régler des questions de survie, que Dieu les maudisse ! En temps normal, l'avion, un Canadair affrété par une ONG musulmane, ne s'aventurait pas en zone chrétienne. Mais ce matin, aucun départ de feu n'avait été signalé. Jetant un coup d'œil sur la carte, le pilote chercha du regard la zone d'épandage cerclée au feutre rouge. Parfait, nous y sommes, se dit Abdel en apercevant les cases de terre battue. Le hameau abritait des Négro-Mauritaniens exilés au Sénégal revenus cultiver la terre des ancêtres. Le pilote survola une première fois la zone. Puis il repassa en rase motte et ramena légèrement la manette des gaz ralentissant l'appareil. Déployant les volets hypersustentateurs situés au bord de fuite des ailes, le pilote améliora la portance à basse vitesse. Enfin, il actionna la commande déverrouillant les vannes. Un torrent de liquide blanc s'échappa du réservoir situé sous le Fokker 27. Au contact de l'air, la trombe se transforma en un nuage de gouttelettes.

Un sac de jute sur son épaule ébène, Josué était en train de semer lorsqu'il aperçut la carlingue jaune et rouge. Paupières plissées, le paysan suivit quelques instants la trajectoire de l'engin, puis se remit à l'ouvrage. Les pompes hydrauliques financées par les Nations unies fonctionnaient à merveille. Drainant à 5 kilomètres de là les eaux boueuses du fleuve, elles recrachaient ici un flot cristallin, aussitôt absorbé par une terre rouge et craquelée. L'avion repassa. Cette fois, l'appareil volait très bas. Lorsque son ombre le recouvrit, machinalement Josué se baissa. Il vit alors l'aéronef s'éloigner, abandonnant derrière lui une traînée brumeuse. En un clin d'œil, une violente averse éclata. Un liquide frais ruisselait sur le visage du paysan. Josué se sentit submergé par une sensation de bien-être.

Ambassade des États-Unis, Riyâd, Arabie Saoudite

Encadré de palmiers, l'avenue Fadh était noire de monde. Du premier étage de l'ambassade, on était trop loin pour lire les slogans sur les pancartes. « *America is dead! America is dead!* » : la clameur ne laissait cependant aucun doute quant au caractère hostile de la manifestation. Préoccupés, les diplomates ne paniquaient pas. Observant la scène, le chef de poste devisait avec ses collaborateurs, l'attachée de presse, Amanda Muir, et le premier conseiller, Brent Scowcroft. Son Excellence, Albert Mac Caffee, était un ancien magnat du pétrole. L'homme avait de la classe, beaucoup de classe, c'est pour cela que le Président l'avait choisi. Avec ses cravates Bloomingdales piquées d'une épingle en nacre assortie à ses boutons de manchette, il en mettait plein la vue à ces marchands de tapis du Golfe.

Vieux beau nostalgique dans son trois-pièces de lin blanc, l'ambassadeur se tenait bien droit. Debout, il scrutait la foule comme on observe un fauve derrière les barreaux d'une cage.

« Je me souviens d'une caricature du *Herald Tribune* où l'on voyait deux pêcheurs anglais face à un raz-de-marée. Une vague haute comme un immeuble se dressait devant ces deux British et l'un des deux dit à l'autre : *it's rather windy today!* Si nous avions été anglais, nous aurions sûrement remarqué que ces gens nous apprécient modérément ! » La note humoristique ne détendit qu'à moitié l'atmosphère. Brent sourit mais la jeune femme resta crispée. Leur patron se retourna subitement : « Bon, nous ne sommes pas anglais, alors que faire ? »

« Pour l'instant, rien ! L'équipe de Viacom s'est mise au boulot, laissons-les bosser ! Ces types auraient fait passer Nixon pour un télévangéliste, ils vont nous relooker cette monarchie ! D'ici peu, l'Arabie Saoudite sera devenue le nouvel étalon démocratique ! » conseilla Brent. Cet ancien basketteur de Princeton était un géant débonnaire. Un type plutôt réfléchi mais viscéralement incapable d'admettre que certains problèmes ne connaissent pas de solution. Désemparée face à l'agitation populaire, la famille régnante venait d'accepter les services d'un cabinet de conseil en image, le meilleur de New York. Cette nouvelle l'avait ragaillardi.

« Arrêtez ce cirque, Brent ! Le problème de cette famille n'est pas un problème d'image mais de légitimité ! Vos émirs ne sont plus légitimes, un point c'est tout ! » Ce pays était une grenade dégoupillée. Le fait que son collègue paraisse ignorer qu'ils avaient juste le nez dessus exaspérait la jeune femme aux yeux gris. L'adorable rouge-gorge, comme l'avait baptisée Mac Caffee lorsqu'il avait vu cette jolie brune de Caroline du Nord dans son tailleur coquelicot.

« Vous pouvez m'expliquer la différence entre image et légitimité ? » Pour Brent Scowcroft, toute la science politique tenait en deux ouvrages : *Le Prince* de Machiavel et *Le Village planétaire* de Marshall Mac Hullan.

« À votre avis Mandy, quelle proportion de la population a vu les images ? » demanda l'ambassadeur.

Le sujet d'inquiétude du jour était moins la manifestation que la diffusion de photos montrant l'héritier, futur gardien des lieux saints, en d'autres lieux avec d'autres seins.

« Le ministère de l'Information censure l'ensemble de la presse écrite, locale et étrangère, de ce côté-là, on ne risque rien. Le câble est également contrôlé mais reste le Net et le satellite. Les autorités ont interdit les paraboles mais trois cent mille ont déjà été installées. Disons qu'au total, on peut estimer qu'un Saoudien sur dix a vu l'héritier s'envoyer en l'air ! » Lors de son séjour à Duke, Mandy s'était convertie au féminisme. Elle était aussi devenue partisane du « droit à la différence ». Deux engagements qui puisaient aux mêmes sources anti-occidentales. Cependant, dès son arrivée à Riyâd, elle ne tarda pas à découvrir qu'au nom du « droit à la différence », les Saoudiens ravalaient les femmes au rang d'animaux de compagnie. Le scandale provoqué par le prince héritier permettait à la jeune intellectuelle de surmonter cette contradiction : pour une fois, la loi islamique s'accordait avec la dignité féminine. Le chef de mission n'avait que faire de telles considérations philosophiques :

« Un sur dix, cela nous laisse quelle marge de manœuvre ? »

« Faible ! Très faible ! Trop de gens ont vu les images. Par ailleurs, la réaction des autorités religieuses a été assez brutale. Les membres du Haut conseil[7] pour l'orientation islamique ont démissionné en bloc ! Le peuple commence à se poser des questions. Sans compter que l'opposition s'est emparée de l'affaire. Votre Excellence, si vous le permettez, je crois qu'il faut crever l'abcès et vite ! Que son père applique la charria ! »

« À votre avis Brent ? » Ce que suggérait Amanda Muir ne manquait pas de bon sens mais Abdallah[8] se résoudrait-il à exécuter son fils ?

« Monsieur, n'étant pas féministe, je supporte mal l'idée de voir un homme décapité au sabre pour s'être payé du bon temps ! Cela dit, je serais d'accord sur un point avec Mademoiselle Muir : il est temps de contre-attaquer. Se taire, c'est laisser enfler la rumeur alors qu'en produisant des “preuves” qu'il s'agit d'un grossier montage, on a une chance de s'en tirer. De toute façon, si on lâche les Ibn Saoud[9], on aura une révolution et si on a une révolution… »

« Mettons de côté ce petit con d'héritier, la dynastie a-t-elle un avenir ? » coupa l'ambassadeur. Le patricien Mac Caffee ne se sentait guère d'affinités avec les élites saoudiennes. Cependant, il n'était pas sans ignorer qu'il n'y avait pas de solutions de rechange aux Ibn Saoud.

« Nous n'avons pas affaire à des as : la famille ne tient plus ses imams et elle a réussi le tour de force de s'aliéner les chefs de tribus et les petits propriétaires terriens. La multiplication des attentats ces six derniers mois montre qu'une partie de la population est scandalisée de voir des mangeurs de bacon défendre La Mecque ! Mais n'oubliez pas que pour les masses ce qui compte *in fine* c'est que nous restons les plus forts. Tant qu'il est notre allié, Abdallah ne risque rien ! »

Sommaire, l'analyse de Scowcroft avait, jusqu'ici, permis aux États-Unis de préserver leurs intérêts dans la région. Jusqu'ici mais jusqu'à quand ?

« Votre Excellence, le risque qu'une révolution islamique balaye la monarchie est énorme. N'oubliez pas que le CDDl[10] et l'Organisation pour le conseil et la défense des droits légitimes[11] ont fusionné depuis leur installation à Bagdad. Je ne veux pas noircir le tableau mais les barbus d'aujourd'hui ne sont plus les écervelés d'hier. Tant que les Islamistes s'opposaient aux élections, notre position était tenable. À présent, ils nous piègent. Nous incarnons la démocratie mais nous empêchons les élections. Nous prêchons le respect des droits de l'homme mais nous soutenons un régime sanguinaire. Notre dernière carte, c'est de pousser les réformes ! » analysa la jeune femme.

« Ridicule ! Si vous organisez des élections au Majlis al-Shoura[12], vous aurez une Chambre verte ! Les intégristes seront archi-majoritaires et nous serons obligés de plier bagage ! C'est pire qu'un crime, c'est un contresens civilisationnel. En les poussant à ouvrir des écoles et des universités, nous avons déjà commis la même erreur. Éduquer une population dont 40 % a moins de quinze ans, c'était déclencher un compte à rebours. Les Arabes ne comprennent que la force, cette affaire d'élection, je n'y crois pas une seconde. Nous les tiendrons en respect tant que la force sera de notre côté. »

Qui avait raison, qui avait tort ? Pour le savoir, il aurait fallu consulter les livres d'histoire que l'on écrirait dans vingt ans. Sur le terrain en tout cas, la situation semblait donner raison au premier conseiller. « *America is dead! America is dead!* » vociférait une foule ivre de haine. Certains des manifestants brandissaient des poignards, d'autres brûlaient des bannières étoilées. Ils piétinaient à moins de cinq mètres du bâtiment. Pourtant, rien de visible ne semblait les arrêter. Aucun barrage de police ne contenait le flot. Les marines s'étaient réfugiés dans leur guérite, à l'abri des projectiles. La grille n'était pas très haute. Mais curieusement, un charme tenait la meute à distance. Lorsque soudain, sortant de la foule, une silhouette en djellaba se précipita sur le portail. Avant même d'empoigner un barreau, l'homme fut projeté à terre comme par une main invisible. L'audacieux tenta plusieurs fois de se redresser mais fut pris de vomissements. Enragée par son impuissance, la foule expliquait le prodige par les maléfices du grand Satan. Un champ électromagnétique[13] à très basse fréquence protégeait l'ambassade.

Aérodrome de campagne de Kaedi, Mauritanie

Au même moment, un B1[14] de l'US Air Force était en train d'atterrir sur un terrain mauritanien. Transformé en laboratoire volant, l'appareil abritait l'unité d'intervention bactériologique de Fort-Detrick[15]. Le soleil faisait de la piste un miroir. C'est sur cette surface luisante que le cargo se posa.

À bord, les docteurs Gary Resnik et Kathleen Bailey enfilaient leur combinaison NBC[16]. En bout de piste, deux hommes déjà vêtus de l'étrange tenue attendaient dans une Jeep.

Le professeur Messiha de l'Institut Pasteur était accompagné du seul virologue mauritanien, le docteur Madibi. L'appareil s'immobilisa. Deux bibendums kakis descendirent de la soute.

« Docteur Bailey, docteur Resnik, bienvenue à Kaedi ! » Le Mauritanien serra la main de ses deux confrères.

« Enchanté, Mathieu Messiha ! » Le Français salua également les deux Américains, ajoutant aussitôt : « Ne perdons pas de temps, le campement est à deux kilomètres. » Puis il tourna la clé du tout-terrain et fit demi-tour sur le tarmac.

Ayant quitté le bitume, la Range sautillait sur une piste caillouteuse.

« C'est un coopérant français qui a donné l'alerte ! Une chance qu'il ait eu un portable : l'épidémie aurait pu s'étendre ! Pour l'instant, un seul village a été touché. Comme le précisait notre fax, les premiers symptômes sont ceux d'une grippe virulente. Apparemment, la contamination est aérobie[17]. Je vous préviens, c'est épouvantable ! » Sous la visière en plexiglas, les yeux du médecin local exprimaient la peur.

« Merci docteur mais nous avons déjà couvert plusieurs alertes Ebola[18] ! » précisa Kathleen, agacée par la mansuétude du Mauritanien.

« C'est cent fois pire qu'Ebola ! » Le virologue avait déjà dû voir des patients atteints de fièvre hémorragique : cent fois pire, cela promettait de ne pas être joli-joli.

« C'est exact, ajouta le Français, c'est pire que ce que vous imaginez ! » La confirmation plongea les deux Américains dans un silence perplexe.

« Avez-vous vérifié que le virus n'affectait que les Négromauritaniens ? » La CIA avait briefé les deux médecins sur la situation géopolitique de cette zone. Ils n'ignoraient pas le caractère politiquement très incorrect de leur question.

« Écoutez, je n'ai pas été jusqu'à vérifier sur moi ! Le village touché est exclusivement noir et la sélectivité du virus est difficile à vérifier car aucun Maure n'habite dans un rayon de 15 kilomètres. » Dépourvue d'arrière-pensée, la réponse du virologue de Nouakchott était celle d'un scientifique.

« Le coopérant a été placé en quarantaine. Pour l'instant, il ne présente aucun symptôme alors que l'incubation est de cinq à six jours. Une fois l'affection déclarée, la mort survient dans les soixante-douze heures ! »

Les Français étaient les premiers à avoir formulé une hypothèse relative au « racisme » du virus. Mais il fallait rester prudent, d'abord, parce qu'il pouvait s'agir d'une intoxication politique, ensuite, parce qu'un cas isolé ne possédait aucune valeur expérimentale. Dix mètres à droite de la piste, les passagers du véhicule croisèrent une vision dantesque : deux hommes en combinaison blanche, debout sur le plateau d'un camion, jetaient des corps dans un trou. Au bord de la fosse, quelqu'un répandait une poudre jaune sur les cadavres. Entassées les unes sur les autres, les victimes de l'épidémie finissaient brûlées à la chaux vive. L'instinct de survie des bien portants avait eu raison de la dignité des morts.

Le véhicule entra dans le camp. Une équipe de l'OMS[19] y avait déjà dressé des tentes de soin. Un cosmonaute blanc les attendait.

« Docteur Boirond ! Je vous préviens, à l'intérieur, c'est le palais des horreurs ! »

Les deux Américains pénétrèrent sous l'une des tentes-hôpital. Baignés dans une atmosphère orange, une vingtaine de lits étaient alignés. Les soignants en combinaison s'affairaient. Les médecins d'outre-Atlantique s'attendaient à tout sauf à ça !

« Oh mon Dieu ! » laissa échapper Kathleen.

Visages tuméfiés, peaux déchirées d'œdèmes : sur chaque couche, des malheureux se tordaient de douleur.

« Docteur, quel est le taux de survie ? » demanda Rusnik.

« Scorpions ! scorpions ! » hurlait un malade en dialecte local. L'homme qui dépensait ainsi ses dernières forces était le sorcier du village. Ses cris n'attirèrent pas l'attention de l'équipe médicale.

« 100 % des villageois ont développé le syndrome et mis à part le Français, la seule personne ayant des chances de survivre se trouve devant vous ! » Le petit groupe s'arrêta devant un lit entouré de bâches translucides. Une intraveineuse dans l'avant-bras, Josué respirait lentement.

« Ce monsieur est tombé malade en même temps que les autres. Mais pour l'instant, il n'a développé qu'une forte fièvre. » Arrivé la veille, le professeur Boirond n'avait pas fermé l'œil depuis. Seul le stress maintenait ses facultés en éveil.

« Pouvons-nous transférer ce patient aux États-Unis ? » demanda Rusnik.

« Si l'OMS vous y autorise, je n'ai pas d'objections ! » Vu la gravité de la situation sanitaire, on pouvait s'attendre à ce que, pour une fois, les Américains partagent le fruit de leurs recherches. Une heure plus tard, le patient était embarqué. Josué était allongé sur une civière placée à l'intérieur d'un caisson de verre. Des ouvertures recouvertes de poches hermétiques avaient été aménagées afin de permettre la manipulation du corps.

Vienne, OPEP

Au tournant du siècle, les stratèges avaient cru pouvoir négliger le pouvoir de l'or noir. Funestes calculs. La découverte de nouveaux gisements, l'amélioration des techniques d'extraction, la moindre consommation d'économies tertiarisées avaient relativisé le poids politique des hydrocarbures. Pourtant, le passage au tout électrique s'avéra trop coûteux pour les pays en développement. Le prix de la mise en orbite de la tonne de déchet radioactif rendit l'utilisation de l'énergie nucléaire irrationnelle[20]. D'un point de vue économique, le pouvoir du brut resta inentamé.

D'autres facteurs vinrent également bouleverser la donne.

Démembré après la création d'un État kurde, débarrassé de Saddam Hussein, l'Irak retrouva sa place sur le marché des hydrocarbures. Convalescente et démocratisée, cette nation aurait pu servir de tuteur politique à ses voisins arabes, rétrogrades et turbulents. Hélas, les urnes portèrent au pouvoir une génération d'islamistes, tout aussi extrémistes que leurs prédécesseurs, mais infiniment plus habiles. Les « jeunes intégristes », ainsi qu'ils s'étaient eux-mêmes nommés, avaient opéré une synthèse entre Islam, démocratie et nationalisme.

Au nom du Prophète, ils entendaient redistribuer les revenus du pétrole aux masses et unir le peuple arabe. Le nouveau « Sultanat arabe de Bagdad » avait jeté les bases d'une paix solide avec l'Iran et officiellement renoncé aux armes de destruction massive. Mais leurs visées expansionnistes et au Machrek rendaient tout *modus vivendi* avec l'Occident impossible. Les opposants au régime de Riyâd avaient trouvé refuge à Bagdad. Communiant dans le même fanatisme que les Irakiens, ils avaient promis d'unifier les deux États sitôt les Ibn Saoud renversés. Le pouvoir pétrolier servait d'autant mieux cet objectif que Bagdad avait tacitement noué alliance avec Pékin. La Chine, ayant mis la main sur d'importants gisements *off shore*, passa de 4,6 % à 12 % des réserves mondiales. Les Chinois souhaitaient également augmenter les prix et pour ce faire, réduire l'offre de brut. Mais Pékin n'avait pas été admis au sein de l'OPEP. Les alliés des États-Unis y avaient opposé leur veto. Entre les Irakiens et les autres membres du cartel, au choc des intérêts s'ajoutaient la haine et le mépris. Dans la salle de conférence des ministres de l'OPEP, l'atmosphère était aussi chargée en électricité qu'au pied d'un pylône à haute tension.

« L'Arabie Saoudite envisage de porter sa capacité de production de 5 à 10 millions de barils-jour ! » La déclaration du Saoudien équivalait à craquer une allumette au-dessus d'un derrick.

« C'est tout à fait inacceptable ! On descendrait[21] à moins de 20 dollars le baril ! » Le ministre de Bagdad frappa sauvagement la tablette posée devant lui.

« Demandez aux Chinois de limiter leur production ! » ricana un Koweïtien.

« Vous préférez être vidé de votre sang plutôt que d'égratigner les Américains ! Vous me dégoûtez ! » Hors de lui, l'Irakien s'était levé de son siège.

« Mes chers collègues, je vous en prie, un peu de calme ! » Le Président vénézuélien tentait de rétablir l'ordre en donnant des coups de maillet sur son pupitre.

« *Desert Storm*[22] ne vous a pas suffi ! Dix ans d'embargo non plus ! » Le Koweïtien narguait son voisin démilitarisé du Nord.

« Vous êtes les chiens fous d'Israël ! »

« Mes chers collègues, pour la dernière fois, je vous en prie ! Je vais suspendre la séance ! » Le président de session sentait la situation lui échapper.

« Le fils de ton cousin est un porc et tout le monde le sait ! » riposta l'Irakien, faisant allusion aux clichés du prince héritier batifolant sur la Côte d'Azur.

« La séance est levée ! » Le Vénézuélien fit signe aux policiers de séparer les membres des deux délégations qui commençaient à en venir aux mains.

Sans l'imposant dispositif militaire américain déployé dans le Golfe, le sultanat irakien n'aurait fait qu'une bouchée de l'Arabie Saoudite. Dans ce cas, un condominium sino-arabe éjecterait l'Europe et les États-Unis du devant de la scène historique. Le long cycle de domination occidentale, amorcé à la renaissance, prendrait fin.

Pentagone, Washington, États-Unis

Lisa Bronson, haut fonctionnaire au Pentagone, faisait songer à une version pimpante de Margaret Thatcher. Mais elle ne possédait pas le tempérament trempé de l'ancien Premier ministre. Miss Bronson venait de raccrocher. La Maison Blanche voulait savoir si ses services avaient identifié le virus' Elle avait bien été obligée d'admettre que non. Un conseiller national pour la sécurité[23] venait de lui passer un savon. Oui, Monsieur, nous sommes des incapables. Bien sûr, nous sommes payés à ne rien faire. Absolument, nous allons nous activer. Un roseau peint en fer, voilà ce que je suis, pensa-t-elle. Elle saisit son combiné, bien décidée à passer ses nerfs sur son subordonné.

« Allô, ici Lisa Bronson, passez-moi Kathleen Bailey ! »

« Bonjour Madame, docteur Bailey à l'appareil ! »

« Vous en êtes où avec vos éprouvettes ? »

« Les nouvelles ne sont pas brillantes ! »

« Vous vous foutez de moi, cela fait plus de dix jours que vous séchez ! »

« Nous avons déjà éliminé pas mal d'hypothèses, il ne s'agit ni d'une bactérie, ni d'une toxine mais d'un virus ! »

« Au moins, ce n'est pas de l'anthrax[24] ! » L'employée fédérale avait entendu parler de cette bactérie tueuse mais elle ignorait que cent mille fois moins de virus provoquait les mêmes effets.

« Au contraire, avec une bactérie, on aurait déjà la parade. Le problème, c'est que ce virus est inconnu au bataillon. Apparemment, sa structure a été maquillée. »

« Maquillée ? Vous voulez dire que ce serait le résultat d'une manipulation génétique ? »

« Possible ! » Kathleen Bailey était une spécialiste. Mais elle n'avait jamais rien vu de semblable : ce virus ressemblait à la grippe, se propageait comme le choléra et sa structure moléculaire était au moins aussi complexe que celle du Sida.

« Mais personne n'est assez dingue pour fabriquer un virus sans être capable de l'arrêter ! » La remarque tenait de la formule exorciste.

« C'est vous qui le dites ! Les Russes[25] ont bien mis au point une variété de peste résistante à tous les antibiotiques ! »

Cette réflexion glaça le sang de Miss Bronson. Elle se souvenait en effet avoir lu un rapport confidentiel à ce sujet.

« Mais qui pourrait avoir intérêt à fabriquer un truc pareil ? » Un attentat non signé était évidemment le pire des cauchemars pour n'importe quel gouvernement. Comment riposter si l'on ne sait qui et pourquoi l'on vous frappe ?

« La sélectivité du virus pourrait fournir l'explication ! »

À la fin du siècle dernier, la communauté scientifique avait débattu de la faisabilité d'un virus[26] capable de cibler certaines populations en fonction de leurs caractéristiques génétiques. Cette possibilité envisagée, les scientifiques jugèrent préférable de reposer délicatement le couvercle sur cette marmite de Satan. Espérant que personne ne les avait vus le soulever.

« Vous voulez dire que quelqu'un aurait pu créer un virus pour éliminer les Noirs en Mauritanie ? En somme, c'est de l'épuration ethnique par tube à essai ! » Le Pentagone jugeait ridicule l'hypothèse de la CIA selon laquelle le régime intégriste de Mauritanie, allié des oulémas de Bagdad, aurait pu chercher à exterminer la population noire.

Or, voilà qu'à l'autre bout du fil, une biologiste réputée accréditait cette théorie. Si l'on avait annoncé à Lisa Bronson que l'on avait congelé les spermatozoïdes d'Adolf Hitler, elle n'aurait pas été moins effarée.

« Probable ! Reste à le prouver. Or, pour l'instant, nous n'avons pas la moindre piste. L'épidémie a, Dieu merci, été enrayée mais notre unique patient est mort. »

Kathleen songea aux yeux de Josué qui à la fin de son agonie n'étaient plus que deux boursouflures rougeâtres.

« En tout cas, si vous ne voulez pas que le Congrès vous coupe les crédits, vous avez intérêt à vous manier le train ! »

Aussitôt après avoir raccroché, Lisa Bronson éprouva un mauvais pressentiment : cette histoire de virus allait mal tourner.

Complexe secret d'Ar-Ramadi, centre de l'Irak

Le professeur Nakamura ne regardait que d'un œil mais ce qu'il voyait, aucun être humain ne l'avait vu avant lui. Écrasé contre le microscope, son globe oculaire commençait à être douloureux mais le professeur était trop absorbé par le spectacle pour se laisser distraire. Sous la plaquette de pétri, des kaléidoscopes gris s'animaient. On aurait dit des lombrics s'engendrant les uns les autres. Les membranes formaient des cercles anthracite, eux-mêmes composés de petites bulles entre lesquelles circulait un liquide. Derrière le chaos apparent, les lois du vivant opéraient une division cellulaire, un processus mieux réglé que l'horloge interne d'un Cray One. On frappa à la vitre isolant la salle de manipulation du reste du laboratoire. Ryushi Nakamura, docteur en génie génétique, leva la tête et fit un signe de la main. Ses visiteurs étaient arrivés.

« *Salam !* » De l'autre côté, les deux plus hauts personnages du sultanat entouraient son collègue le docteur Aziz-el-Hakim : le général Al-Khatani, chef d'État-major des armées irakiennes, et le cheikh Seyid Mohammed Baker.

« C'est un type remarquable ! » expliqua le collaborateur du Japonais à ses compatriotes.

« Sait-il à quoi cela va servir ? » interrogea le cheikh.

« Pour lui, ce type de recherche est une sorte de tradition familiale, précisa le biologiste irakien, son grand-père était employé à l'unité 731, ce centre de détention où les Japonais testèrent des armes bactériologiques sur des prisonniers de guerre américains ! »

« Et dont Washington a utilisé les résultats[27] ! » Le général Al-Khatani avait perdu ses deux cadettes dans un raid de l'aviation américaine.

« Allah ne fait rien sans raison, s'il a permis ces souffrances, c'est que les Américains avaient eux aussi péché ! trancha le cheikh. Dites-moi plutôt si nous avons bien fait de miser sur "ça" ? »

Le chef spirituel et politique de l'Irak désigna avec dégoût un cube de verre placé sur le bureau du docteur Nakamura. Tapissant le fond de la cage, un lit de sable.

Posée dessus, une créature de la taille d'un pouce. Elle paraissait recouverte d'une armure noire parfaitement encastrée. À l'avant, son corps se prolongeait par des pinces, à l'arrière, par un point d'interrogation vengeur. Le scorpion du désert était probablement l'arachnide le plus dangereux de la planète.

« Votre Altesse, le ratio létal des armes biologiques est tout simplement imbattable ! Avec 300 kilos de munitions chimiques, vous pouvez tuer trois mille personnes; avec une bombe hydrogène de 200 kilos, vous faites quarante mille victimes mais avec 30 kilos de virus, vous débarrassez la terre de 3 millions d'infidèles ! »

« Erreur, cher ami, avec 30 kilos de mon virus vous exterminez un quart de l'humanité ! » corrigea le Nippon tout sourire. « Très honoré, Votre Altesse, je suis le professeur Nakamura ! » ajouta le Japonais en s'inclinant.

« Impressionnant ! concéda le cheikh. Mais il y a quelque chose qui m'échappe : si ces armes sont si efficaces, pourquoi nos ennemis y ont-ils renoncé ? »

« Pure hypocrisie ! Les Américains ont été les premiers à distribuer des couvertures imprégnées de variole aux Indiens ! La vraie raison qui les dissuade de produire des armes biologiques, c'est que les ingrédients nécessaires à leur fabrication sont disponibles sur catalogue[28] ! » dit le Japonais tout en feuilletant un exemplaire d'une revue posée sur son bureau.

« Multiplier par 100 milliards une bactérie d'anthrax est un jeu d'enfant, il suffit de la chauffer pendant douze heures dans un flacon de glucose ! »

« Cela ne m'étonne pas : le cœur des Blancs est aussi sec que le désert ! » répondit le cheikh, ajoutant en arabe à l'attention de ses deux compatriotes : « Pour un infidèle, il n'est pas si stupide ! » Les deux hommes se mirent à rire, laissant le Nippon confus. Le général poursuivit en anglais : « Allah a réservé aux Arabes le fruit des sciences comme il nous a donné le pétrole et la langue du Coran ! » « Y a-t-il suffisamment de scorpions dans notre désert ? » interrogea le cheikh.

« Inutile de prélever le venin sur chaque animal, il suffit d'isoler une fois pour toutes la toxine puis de la cloner dans des bactéries de laboratoire. Ensuite, on la multiplie dans des cuves comme celle-ci. » Le savant désigna un énorme récipient en fonte.

« On dirait une machine à brasser la bière ! » s'exclama le général.

« Exactement ! On fermente avec de la levure de bière ! Ensuite, on clone le gène du venin sur le virus de la grippe[29]. »

« Comment faites-vous pour qu'ils ne trouvent pas l'antidote ? »

« Il suffit de modifier l'apparence[30] de la bactérie en recombinant son ADN ! »

« Et les antibiotiques ? »

Le Japonais tendit la main, désignant de l'autre côté de la vitre un tube.

L'éprouvette reposait sur une plaque elle-même posée sur une sorte de grosse machine à laver. Un moteur faisait tourner la plaque.

« La machine contraint les molécules d'ADN à se regrouper au fond du tube, ce qui élimine le liquide excédentaire et permet d'obtenir une pâte d'ADN propre. Ensuite, on ajoute un enzyme pour séparer les fragments d'ADN capables de résister aux antibiotiques ! »

Le cheikh parut satisfait. Le savant japonais avait révélé tout ce qu'il savait.

Pour des raisons de sécurité, les recherches avaient été scindées en deux équipes. L'une mettait au point le virus, la seconde ciblait les populations en fonction de leur patrimoine génétique.

Base américaine de Dharan, Arabie Saoudite

Comme chaque vendredis, les hommes du 11e bataillon de rangers goûtaient un repos bien mérité. Recouvert d'une épaisse couche nuageuse jaune et blanc, le ciel saoudien ressemblait à un écran de télévision à la fin des programmes. On apercevait difficilement le soleil mais on sentait facilement ses rayons. Le ski nautique constituait l'un des passe-temps préférés des GI. Aussi, lorsque le caporal Eddie Smith proposa au sergent Gonzalès d'aller tâter les vagues, ce dernier n'hésita pas une seconde. Tiré à plus de 40 kilomètres à l'heure, Gonzalès sentait ses pieds ricocher sur l'eau. Sur le sable, des dizaines de soldats américains en short trottinaient péniblement.

« Salut ! » Un joggeur noir avait reconnu Gonzalès, son chef de peloton.

Lâchant une main afin de saluer son camarade, le sergent n'eut pas le temps de rattraper le manche qu'il se retrouva sous l'eau. Refaisant surface, il aperçut le soldat se tordant de rire sur la plage.

« Les Blancs savent pas flotter ! » Eddie, le pilote du hors-bord, un Noir du Tennessee, s'esclaffait lui aussi.

Gonzalès massait ses cuisses douloureuses lorsqu'il tourna la tête vers le large, attiré par un bruit de moteur. À trois cents mètres, une vedette crevait les flots, faisant jaillir de part et d'autre de sa proue une gerbe d'écume. On se tape des manœuvres pendant qu'eux se prélassent ! songea Gonzalès. Deux Arabes étaient effectivement à bord de l'embarcation qui filait à 60 nœuds, le long de la grève.

Se prélasser n'était pas exactement le genre des deux hommes. Tandis que l'un barrait, l'autre actionnait une pompe vaporisant dans l'air une substance que le vent rabattait sur la plage.

Ambassade des États-Unis, Riyâd, Arabie Saoudite

L'ambassadeur fut le dernier civil à grimper à bord de l'hélico. Puis, les deux fusiliers marins restant sur le toit furent hissés par leur collègue de la Navy. Il fallait faire vite : le mystérieux syndrome frappant les Occidentaux se rapprochait de Riyâd. Un premier cas avait été signalé dans les faubourgs de la ville. Tous les Américains présents dans le Golfe allaient être placés en quarantaine. Ce n'était pas seulement la maladie qu'ils fuyaient, le pays était en état de siège, les milices islamiques avaient pris le pouvoir dans les rues, la plupart des ministères étaient tombés entre leurs mains, les membres du clan Abdallah avaient été assassinés. Les Tomahawks[31] avaient ralenti la progression des blindés irakiens mais ces derniers étaient déjà du côté de Rafa et d'Al Djôf. Djeddah, La Mecque et Médine étaient passés sous contrôle révolutionnaire. Djizân et l'oasis de Nadjrân étaient tombés aux mains des Yéménites, aidés par les tribus Oteïbas[32]. On sentait bien la haine des Saoudiens mais tout avait été si rapide, comme un cancer qui se met à flamber. Le chef de mission tenait entre ses mains parsemées de taches de vieillesse un triangle d'étoffe bleu marine. Cette bannière étoilée, Al Mac Caffee l'avait vu tant de fois repliée : à Saigon, alors qu'il effectuait son service militaire, à Téhéran, lorsqu'il fut pris en otage. La foule grondante qu'ils survolaient allait certainement dévaster le bâtiment. Mais les archives avaient été détruites et l'on ne déplorait aucune victime civile. Pourtant, cette fois-ci, c'était bien pire.

Au fond de lui, le Texan sentait qu'il assistait au coucher de soleil de l'Amérique. Les Arabes rejetaient la notion d'État, léguée par les colonisateurs. Les frontières n'avaient plus de sens : l'Irak, l'Arabie Saoudite, le Yémen, demain, tout le golfe Persique, formeraient un seul Sultanat arabe uni. Sa capitale passerait de Bagdad à La Mecque mais ce n'était qu'une étape. Car c'est Jérusalem que les fous d'Allah convoitaient. Assis sur plus de 60 % des réserves mondiales d'hydrocarbure, qui pourrait les en empêcher ? Alliés aux Arabes, Chinois et Pakistanais formaient, du Pacifique au golfe d'Acaba, un arc stratégique[33] dirigé contre l'Occident. Bien plus résistant que l'axe nippo-germanique des années trente. Comme tout peuple qui accède à la puissance, les Arabes verseraient dans les pires excès. Quant aux Chinois, ils affirmaient vouloir commercer en paix mais leur rancœur n'était pas moins tenace que celle des musulmans. L'ère du ressentiment allait s'ouvrir.

New York, à l'angle de Broadway et de la 111e rue, États-Unis, La Mecque, Arabie Saoudite, à la même heure

Un *yellow cab* l'avait déposé juste devant la boîte. À part sa coupe de cheveux, rien ne laissait deviner que Graham était soldat. Graham se disait qu'il avait de la chance : il avait posé sa perm, la veille où tout avait commencé. Graham était un sacré veinard : beaucoup de ses copains étaient morts, victimes d'une étrange maladie dont personne ici n'avait entendu parler. Mais ce soir, il n'était pas à Manhattan pour penser à des trucs morbides. Il voulait croquer Big Apple à pleines dents. Le Galaxy, la boîte la plus branchée de la ville la plus branchée du monde, c'était là qu'il fallait être, c'était là qu'il était. Graham ne sortirait pas à l'air libre tant qu'il n'aurait pas attrapé une de ces biches à talons aiguilles. Survolté, le jeune homme tendit son ticket à l'ouvreuse en minijupe. Juché sur son tabouret, la fille, outrageusement maquillée, portait sur la tête deux macarons de cheveux comme les héroïnes de Manga. Il entra dans le club. Irrésistiblement attiré par l'antre d'où montait le martèlement des boîtes à rythme, Graham dévala les marches quatre à quatre. Avant même d'atteindre la piste de danse, ses tympans furent saturés par un tam tam informatique. Couvrant une mélopée indienne, une voix afro-américaine scandait un rap initiatique : « *Let yourself go ! Let yourself go !* » Dans la salle, des gyrophares faisaient tourner des rayons bleus et rouges disparaissant et réapparaissant dans la brume des fumigènes comme les pales lumineuses d'un ventilateur géant. Filles et garçons s'agitaient avec frénésie. Leurs membres inférieurs secoués d'épilepsie, leurs bras flottant, ondulant, chaloupant.

Un courant invisible parcourait et reliait tous ces corps. Graham entra sur la piste comme on monte sur un tourniquet. L'accoutrement des danseurs hésitait entre futurisme et tribalisme : narines et lèvres étaient perforées d'os en titane. Le stromboscope décomposait les mouvements d'un Iroquois à crête métallique, fixée par des boulons sur le crâne. La drogue, les décibels, les flashs conjuguaient leurs effets, attaquant les systèmes nerveux comme si un rayon concentré entamait les consciences.

Pagne blanc, torse et pieds nus, Mustapha marchait, le cœur battant la chamade. Pour un musulman, l'endroit où il s'apprêtait à pénétrer était le saint des saints, le lieu de la terre où le Miséricordieux avait choisi de manifester sa puissance Ils étaient des milliers à accomplir ce pèlerinage dans une Mecque enfin libérée des tyrans apostats. Des milliers, jeunes et vieux, Noirs et sémites à progresser dans le tunnel. Accrochées à la roche, des torches faisaient danser leurs ombres sur les parois. Tous avançaient lentement, retenus par le frisson religieux. En sortant à l'air libre, Mustapha et ses compagnons laissèrent échapper un murmure d'admiration et de crainte mêlées. Ils la voyaient enfin, la pierre de la Kaaba[34], la pierre noire, la pierre du Prophète ! Au centre de l'immense cour, Mustapha aperçut la stèle recouverte d'un dais de velours brodé d'or. Immédiatement, son regard se porta sur le coin est du pilier, celui sur lequel brillait une corne d'acier. La météorite était là. Une fois entrés dans le gigantesque mouvement giratoire, ils auraient quatre tours à accomplir autour de la colonne. Avec de la chance, ils pourraient approcher le caillou béni. Un million d'hommes tournaient en même temps autour de l'édifice. Un million de prières s'élevaient en même temps. Un immense murmure montait dans la nuit arabe. Il y avait autant d'âmes en bas que d'étoiles en haut. Malgré la chaleur accablante, les longues heures à piétiner dans la poussière et la soif, Mustapha se sentait en état d'apesanteur. Il n'était plus lui mais formait un seul être avec cette multitude. Les haut parleurs de La Mecque se mirent à cracher des paroles saccadées.

« Bientôt le Mhadi[35] avec ses ansars[36] viendra, bientôt le bien guidé commandera les croyants ! Bientôt le descendant d'Ali et de Fatima rétablira sa capitale à Jérusalem ! Bientôt, tous les rois voudront sa terre et le combattront ! Bientôt les soldats de Dadjdjal[37] seront anéantis ! »

Graham s'approcha d'une danseuse à perruque argentée. Il sourit en reconnaissant le drapeau américain sur son short de latex. Plutôt jolie, la fille sourit. Ce fut la dernière image nette que vit Graham. La danseuse devint floue. Puis se mit à tournoyer. « Ils seront tous anéantis, du premier jusqu'au dernier ! » Le deuxième classe, Graham Rubin, s'écroula. Un ennemi aussi implacable que microscopique venait d'atteindre New York.

Conclusion

Au fil de l'histoire

« Pour imaginer la pacification universelle, il faut se donner, par l'imagination, les peuples et les États convertis à la même vérité, politique et religieuse. »

Raymond Aron

Une guerre opposant les États les plus puissants de la planète ne saurait être que mondiale. Depuis le XIXe siècle, seuls quatre conflits de ce type éclatèrent : la croisade révolutionnaire entre 1792 et 1814, la « grande guerre » de 1914-1918, la guerre de 1939-1945 et la guerre froide (1946-1990). Depuis dix ans, une telle secousse paraît impensable : un état de grâce qui risque d'apparaître comme une fragile accalmie à la surface de l'Histoire.

Une globalisation peut en cacher une autre

Sur cette rive de l'Atlantique, l'équilibre stratégique est recouvert d'un brouillard que les stratèges baptisent « mondialisation ». Chaque jour, mille milliards de dollars s'échangent. Désemparée, la Banque centrale européenne immole des chômeurs. Stoïque, la Fed stimule la croissance. Les traités ligotent les Gulliver étatiques. Français et Allemands tremblent à l'idée d'écorner la Convention européenne des droits de l'homme. La Convention des Nations unies relative aux droits de l'enfant[1] ne retient pas les Texans d'exécuter des mineurs. Terrorisée par l'opinion « internationale », la France ajourne sa campagne nucléaire[2]. Indifférent, le Sénat américain rejette le traité prohibant les essais. Culturellement, la planète s'unifie. Les films US déferlent sur les écrans du monde entier. Mais les films du monde entier ne sortent pas aux États-Unis. Tout se passe comme si la globalisation contournait le territoire américain. Un mystère auquel ne croient guère ceux qui l'organisent. Vu d'Europe, le monde est réputé « complexe ». La littérature géopolitique américaine décrit pourtant un univers d'une simplicité biblique. *Diplomatie*[3], *Le Choc des civilisations*[4] ou *Le Grand Échiquier*[5] ne dépeignent pas un « ordre mondial relâché ». Nullement dépassés, les États y sont classés selon leur influence : tours, fous ou simples pions. Les trois ouvrages dressent un constat identique : le paysage stratégique sert les intérêts américains. Ils prêchent donc la même politique : empêcher qu'un État fédère l'une des grandes régions du globe. Sans doute, l'immense Amérique constitue surtout une exception à la règle du dépassement des souverainetés. La globalisation habille les États-Unis sur mesure ce qui ne la rend pas, pour autant, inéluctable. Les États ne mesurent pas tous *XXL*. Tous auraient intérêt à s'allier contre Washington. Pourquoi ne se liguent-ils pas contre la « mondialisation » ? Marx et Engels[6] expliquent : « Les pensées de la classe dominante sont aussi, à toutes les époques, les pensées dominantes. » Remplaçons « classe » par « nation ». Nation dominante, l'Amérique persuade l'univers que son hégémonie résulte d'une globalisation juste et irrésistible. Le libéralisme recouvre ces pensées dominantes d'oripeaux scientifiques. Dégagé par la chute du mur, ce nouvel horizon indépassable correspond à un vieux mirage théorique. Son noyau dur, le modèle d'équilibre général, s'inspire de la thermodynamique du début du siècle.

Fétu de paille, l'humanité paraît dériver sur l'océan de la mondialisation. La nouvelle « loi historique » enseigne que les États seraient en fait guidés par les courants de l'offre et de la demande. Se laisser aller conduit à la prospérité, résister garantit le naufrage. Ainsi, les gouvernements n'ont plus qu'à enclencher le pilotage automatique, le marché veille au grain. Grâce à la combinaison d'Internet et des *stocks options*, plus besoin de révolution, ni de coup d'État, de guillotine, ni de pamphlet. À l'heure du traitement de textes, l'Histoire s'écrit toute seule. Le marxisme n'abandonna jamais l'homme aux forces matérielles. Si l'« idologie » libérale n'hésite pas à le faire, c'est qu'elle croit moins au déterminisme qu'à la prédestination. *In God they Trust* : l'Amérique ne s'étonne d'aucun miracle, elle ne s'offusque d'aucune déchéance. Son empirisme tolère l'incohérence, son pragmatisme supporte le désordre mais sa foi légitime une hiérarchie internationale « manifeste ». Au sommet, figure la première nation post-nationale. Au faîte se trouve l'État fédéral livré au marché. À son apogée accède une puissance à contre-cœur. Le *reluctant cherrif* intervient par charité. Dans son esprit, la stabilité récompense le mérite. Là où les peuples se rangent sous la bannière étoilée, c'est-à-dire partout où ils sabordent leur souveraineté, la paix s'installe. La planète se divise donc en deux camps : d'un côté, des alliés paisibles, et de l'autre, des États contestataires qui ne doivent qu'à leurs péchés de subir le fléau de Mars. L'Irak, l'Afghanistan, la Serbie, la Corée du Nord, la Libye et dans une moindre mesure, l'Iran, la Syrie, la Chine et la Russie figurent au nombre des damnés. En dépit de sa naïveté et de son hypocrisie[7], une telle dichotomie n'est pas sans fondement. Quiconque observe avec réalisme la mappemonde géopolitique actuelle verra trois cercles s'en détacher. Le premier regroupe des États satisfaits par la *pax americana*, le second relègue les régions qu'elle neutralise, le troisième réunit des États qu'elle soumet.

Le cercle de la déraison

Le premier cercle rassemble derrière Washington les nations occidentales et la plupart des États d'Océanie. L'Europe et le Japon pourraient remettre en cause la suprématie américaine. S'ils n'étaient pas « finlandisés », le vieux monde et l'archipel s'allieraient contre elle. Paris en rêve, Tokyo y songe, Berlin n'y pense même pas. Dans ces capitales, l'expression de toute volonté collective rappelle d'infâmes souvenirs. Inconsciemment, toute affirmation de l'intérêt national conduit à Auschwitz, toute canalisation des forces économiques longe la Kolyma. Cette servitude volontaire n'a rien à voir avec le sort d'États subissant la mondialisation de plein fouet. Le deuxième cercle englobe des peuples dépourvus de toute volonté mais surtout privés de tout moyen de discuter la paix américaine. La loi d'airain du marché règle leur économie.

Mondialisés depuis la colonisation, ils dépendent de décisions prises ailleurs. Les habitants du Sud goûtent depuis longtemps le charme brutal des bourgeoisies *compradores*. Toisés par l'Amérique, les dirigeants du troisième cercle ne sont par contre nullement subjugués. Les États qui s'y retrouvent sont asiatiques. Aucun n'a abdiqué sa souveraineté. Tous aspirent à la puissance. Leur liste n'est pas longue : Chine, Russie, Inde. Sous réserve qu'il se dote d'un champion étatique, on peut ajouter le monde arabo-musulman. Ce dernier carré réunit des États désireux de renverser l'ordre américain mais ne disposant pas, du moins pas encore, de ce pouvoir. Les risques de guerre mondiale se concentrent dans cette zone de turbulences.

« Nous avons établi en Amérique du Nord, en Europe occidentale et au Japon une zone de paix dans laquelle on peut dire que la guerre est véritablement impensable », rappelait Madeleine Albright. C'est un fait qu'Européens et Nippons ne contesteront jamais la suprématie américaine par les armes. Une superpuissance européenne exercerait sans doute un *leadership* plus éclairé mais ne modifierait pas l'architectonique actuelle. Un concert des nations occidentales poursuivrait les mêmes fins : respect de l'intégrité des frontières et défense du *statu quo*, promotion des échanges commerciaux et exportation de la démocratie. Or, la guerre oppose des desseins antagonistes, pas des projets jumeaux. Elle met aux prises des adversaires, non des partenaires. Les conflits économiques ou sociaux, parfois très âpres, qui divisent les Occidentaux n'ont rien d'irréductible. On ne meurt pas pour améliorer son cadre de vie. On ne bombarde pas pour accroître ses parts de marché. La guerre demeure liée à des enjeux vitaux. De tels motifs, le tiers monde n'en manque pas. Le *limès*[8] regorge de va-t-en-guerre. C'est là où les conflits font rage, où les frontières sont bousculées, où les régimes sautent, où les peuples sont déplacés. Ce n'est pourtant pas là que s'écrira l'avenir. Avec raison, Philippe Delmas[9] soulignait que, au Sud, on livre des « guerres de la nécessité ». Lutte pour l'eau ou querelles de succession, conflits de sécession ou boucheries tribales : les « gueux » se battent par faiblesse. Leur bellicisme ne menace pas l'Occident. Manquant du strict nécessaire, ils ne disposent pas d'armes de destruction massive. Dans quelques années, les munitions bactériologiques se trouveront peut-être à leur portée. Mais discréditant leur cause, les États ou les groupes qui les emploieront subiront de terribles représailles. Ce type d'agression confinant au suicide, seule une terreur d'essence religieuse pourrait y recourir. Les pays riches redoutent, dès à présent, de telles perspectives[10]. En revanche, ils ignorent les risques que les États du troisième cercle feront peser sur la paix. Au-dessus de ces régions, des signes avant-coureurs s'amoncellent : réarmement, prurits nationalistes, litiges insolubles, crises récurrentes, instabilité politique. Chine, Inde, Russie, monde arabo-musulman rêvent tout haut d'abattre l'ordre mondial. Ces « nations prolétaires » disposent déjà de moyens militaires intimidants.

Contemplant la supériorité de son propre matériel, l'Occident se rassure un peu vite. L'important n'est pas ce qui est couché sur le papier mais ce qui reste debout sur le terrain. En 1940, des unités franco-britanniques, mieux équipées et plus nombreuses, furent mises en déroute par la Wermacht. La stratégie et la tactique jouent un rôle essentiel. De même, la volonté collective compte. On ne peut exclure qu'un jour les États du troisième cercle dissuadent l'Occident. Ce jour arrivera peut-être plus tôt que prévu. Du bricolage des SS-20 par l'Irak à la bombe pakistanaise, l'histoire récente offre plusieurs exemples d'imprévisibles bonds technologiques. Le plus spectaculaire restera sans doute la mise au point par Pékin des missiles DF-15. En mars 1995, ces engins atteignaient leur cible dans un rayon de 5 kilomètres. Un an plus tard, ils étaient dotés d'une précision centimétrique. Les spécialistes de l'US-Air Force mirent vingt-cinq ans à obtenir un tel résultat ! Que les Chinois aient réalisé cet exploit en espionnant, en achetant une technologie étrangère ou en mettant eux-mêmes au point un système de guidage[11] importe peu. L'essentiel, c'est qu'une main d'œuvre bien formée et un porte-monnaie bien garni confèrent la puissance dans des délais très courts. Une fois lâchées, les forces du capitalisme ne peuvent être endiguées. Les États qu'elles transforment développent immanquablement de redoutables capacités. Nain politique en 1860, en l'espace d'une génération, l'Allemagne se forge un destin mondial. Entrés dans la grande guerre comme d'improbables challengers, les États-Unis en sortent au premier rang. Ceux qui tiennent la mondialisation pour inéluctable contestent ses effets. Partisans de la compétition, ils n'imaginent pas qu'elle modifie l'ordre de départ. Pire : certains conçoivent que la Chine expansionniste, la Russie aventurière ou l'Inde paranoïaque accèdent ou recouvrent le rang de puissance sans éprouver la moindre inquiétude.

Puissance sans conscience n'est que ruine des peuples

Accueillant son homologue chinois, Jacques Chirac résuma la raison d'un tel sang-froid : « Une grande puissance ne saurait être que démocratique ! » Aux premiers jours de la crise de 1929, un autre optimiste expliquait : « La prospérité est au coin de la rue ! » La rue était plus longue que prévu, comme risque de l'être le chemin menant à la démocratie. Or, la montée en puissance peut s'avérer brutale. Les plans des missiles se téléchargent, pas les mœurs parlementaires. Les technologies se transfèrent, les systèmes juridiques se transposent. La liberté n'est pas une plante en pot. Pour durer, elle doit s'enraciner. Pas de démocratie stable qui ne soit nationale. Toujours lente, parfois pleine de bruits de bottes et de fureurs patriotiques, la démocratisation n'a rien d'un long fleuve tranquille. Comme l'écrit Bogdan Denis Denitch[12], lorsque son débit s'accélère « l'*ethnos* devient *dêmos*, le résultat ne se fait guère attendre, c'est *polemos* ».

Démocratisation des peuples et affirmation de leur puissance vont rarement de pair. Trop souvent, les États accédant à la force contractent la maladie infantile diagnostiquée par Lénine. L'impérialisme s'avère d'autant plus redoutable que l'on ne se pose qu'en s'opposant. Opposés à des tyrannies, à des monarchies, à des empires, la France, les États-Unis et la Grande-Bretagne s'imposèrent au nom d'idéaux libéraux. Si l'empire du milieu reprend sa place, c'est qu'il aura affirmé ses valeurs contre l'Occident. Chine, Inde et monde arabe appartiennent à d'autres civilisations. Quant à la Russie, elle n'est que partiellement occidentalisée. Sans épouser les thèses de Samuel Huntington prophétisant un *clash* des civilisations, on peut craindre que cette distance culturelle ralentisse leur démocratisation. Car contrairement aux sciences et aux techniques qui se répandent de manière indolore, principes et mœurs ne s'importent pas sans « coût » narcissique. L'efficacité s'impose à tous. La légitimité ne saurait être imposée à personne. Aucune greffe constitutionnelle ne prend tant qu'elle blesse la dignité nationale – sauf, peut-être, lorsqu'elle représente la seule planche de salut, dans une Allemagne *kapput* ou dans un Japon vitrifié. Contrairement aux apparences, le FMI ne poursuit pas une telle ruse de la raison. L'Allemagne de Guillaume II, celle d'Hitler, le Japon d'Hiro Hito, la Russie des tsars, l'URSS de Staline n'étaient pas précisément des modèles démocratiques. Ces États furent craints et respectés comme des puissances. La Chine de Zemin, l'Inde de Vajpayee, la Russie de Poutine possèdent de quoi faire réfléchir le Pentagone. Mais Clinton ne craint pas de fournir à ces États de quoi moderniser leurs arsenaux. Dès qu'elle commerce, l'Amérique cède à tous les chantages. Les *think tanks* ayant décidé que l'avenir de l'Inde serait *peace and trade*, New Delhi peut tester ses armes atomiques. Lorsque le grand marché s'ouvrira, le communisme tremblera... Pékin peut menacer Taïwan et espionner l'Amérique sans risquer de sanctions. Quant aux dirigeants russes, c'est avec la bénédiction des docteurs en bonne « gouvernance » qu'ils offrent à leurs électeurs une reconstitution de *Guernica* à Grozny. Cette confiance aveugle dans le cours paisible de l'Histoire serait touchante si elle ne jouait pas avec le feu nucléaire. Sûrs de leur fait, les Américains ne tiennent compte ni des intérêts ni du prestige de ces puissances régionales. Ils n'hésitent pas à les humilier et à piétiner leurs plates-bandes géopolitiques. Ainsi, la CIA installe les Talibans à Kaboul et renforce l'emprise des militaires à Islamabad. Effarée, l'Inde n'a plus qu'à assister aux incursions pakistanaises au Cachemire. Victime d'un complexe obsidional renforcé par la montée de l'intégrisme sur ses marches, Moscou panique.

Ce qui n'empêche pas les États-Unis de sortir le « grand jeu » sur la Caspienne. De même, Washington châtie la Serbie sans se soucier de Moscou et en se passant du Conseil de sécurité. Russes et Chinois se voient dépouiller de la feuille de vigne dissimulant leur « superpuissance ». Bombardant un État souverain, l'OTAN détruit les fondements de l'ordre international. Aux yeux de Delhi, de Pékin et de Moscou, le dernier rempart contre l'ingérence occidentale vole en éclats. Ajustant le tir, les États-Unis « ciblent » l'ambassade de Pékin à Belgrade : la paix internationale comme dégât collatéral, qui dit mieux ? Puis ce fut au tour du Timor de bénéficier du triomphe de l'esprit humanitaire sur la lettre juridique. L'Indonésie plia et l'Ouest se persuada qu'une ère nouvelle était en train de s'ouvrir, qu'un nouveau millénaire débutait sous le haut patronage de Briand et de Wilson. Les pays riches ne prêtèrent guère attention aux *bugs* géopolitiques qui, simultanément, troublèrent la paix de deux terriens sur trois. En vingt-quatre mois, deux essais nucléaires indiens, un test pakistanais, un tir de missile chinois, un lancement de vecteur nord-coréen, un conflit au Cachemire et une guerre de grande intensité sur le territoire russe se déroulèrent. En à peine deux ans, le monde devenait plus instable que sous Brejnev. Derrière le décor de la mondialisation, une pièce inédite se prépare en coulisse. Depuis le XVe siècle, la politique mondiale fut dictée par l'Occident. Les grands conflits furent intra-européens, les guerres mondiales, des querelles de province. Ce cycle s'achève.

Miroir, dis-moi que je suis laid !

Russie, Chine, Inde, monde arabe incarnent le « négatif » de l'Occident. Ces forces tendent au monde judéo-chrétien un reflet déformé de son image. Hier troisième Rome, aujourd'hui Mecque de la mafia, Moscou n'a pas fini d'édifier l'univers. La Sécurité sociale fut fondée à la Libération par de Gaulle. En fait, la protection sociale généralisée fut surtout un cadeau de Staline aux prolétaires d'Occident. Sans la crainte de l'armée rouge, les bourgeois n'auraient jamais consenti des avantages qu'ils tentent de reprendre sitôt la menace disparue

L'URSS était cet autre qu'il fallait copier pour ne pas l'imiter. La Russie de Poutine est ce même caricatural qu'il faut rejeter. Après avoir tenté de dépasser le capitalisme, la Russie s'est jetée à corps perdu dans sa version la plus sauvage. Pour les démocraties travaillées par la corruption, ce pays offre l'inquiétant spectacle d'une société menée par le profit brut. La Russie nous ressemble, elle représente donc un contre modèle absolu.

« À l'autre bout du monde, la Chine me paraît un miroir bon à s'y mirer... » reconnaissait Sainte-Beuve. Ce pays reflète la dangereuse mercantilisation de notre diplomatie. Hier encore, la France boudait un Premier ministre japonais, « marchand de transistor ».
À présent, la République reçoit Bill Gates avec les honneurs dus à un chef d'État. Une telle dérive butera sur la contradiction chinoise. État-empire, État-civilisation, la Chine incarne l'État contre la mondialisation. Récusant les diktats occidentaux, elle rappelle le caractère irréductible de tout destin collectif. Mais c'est un impérialisme dominateur qui pousse les communistes à affirmer leur souveraineté, c'est au nom de la non-ingérence qu'ils écrasent le Tibet. Comment le leur reprocher lorsque l'OTAN viole les frontières de la Yougoslavie et que nos « multinationales » contournent lois et règlements ? Droit d'ingérence et ingérence du profit renforcent les craintes mais aussi l'audace des héritiers de Mao. Les forcer à une démocratisation rapide paraît hasardeux, favoriser leur expansionnisme semble insensé. Commercer ou réarmer, la Chine devra choisir.

L'Inde invite à trancher d'autres dilemmes. La plus grande démocratie du monde fait voir qu'un État pluriconfessionnel ne tient que grâce à un puissant ciment politique. C'est ce que l'Occident refusa d'admettre dans l'ex-Yougoslavie. Au nom de l'intangibilité des frontières, Européens et Américains laissèrent le conflit s'étendre. Puis, ils tentèrent de limiter l'effusion de sang et de sauver le pluri-ethnisme. Au total, les frontières furent redécoupées à la hache, les civils massacrés et la Bosnie écartelée, résultats atroces mais conformes aux idéaux de papier. Plutôt que de déplacer les populations, on préféra décompter les charniers. Aujourd'hui encore, au Kosovo, la communauté internationale veut faire coexister des peuples qui se détestent. Pourtant, l'État de droit sans unité culturelle, la démocratie sans droit des peuples sont des coquilles vides. Obsédé par le maintien du *statu quo*, l'Occident ne voit pas qu'irrédentismes et sécessionismes entretiennent une instabilité perpétuelle. Le Cachemire, le Kurdistan naîtront un jour mais dans combien de morts ? Préférant rééditer les génocides plutôt que les atlas, le formalisme refuse de redessiner le monde. Est-on certain que l'Inde n'abandonnerait pas le Cachemire si elle obtenait un siège au Conseil de sécurité et le désarmement du Pakistan sous contrôle international ? Les puissances conservatrices préfèrent croire qu'elles pourront figer l'Histoire.

Les soubresauts du monde musulman rappellent la vanité d'une telle ambition. 1789 ébranla la chrétienté, la révolution iranienne bouleversa l'Islam. Pour survivre, les monarchies européennes libéralisèrent leur constitution, les États musulmans islamisèrent les leurs. La Sainte Alliance brisa l'élan démocratique. Les capitales arabes stoppèrent la « vague verte ». Tenues à bout de bras par l'Occident, elles n'étoufferont pas éternellement les aspirations de leurs populations. L'écroulement du bloc soviétique fragilisa les régimes autoritaires d'Afrique du Nord et du Moyen-Orient. Oulémas et muftis interpellèrent les dictateurs comme le firent les prêtres polonais et les pasteurs hongrois. Mais ils brandirent le Coran et non les droits de l'homme.

L'Islam est la seule idéologie qui se dresse contre l'individualisme libéral, son seul rival spirituel. Le défi musulman est à la fois le plus désarmé et le plus désarmant. Chasteté, sobriété, modestie, charité : autant de vertus caricaturées par l'intégrisme, autant de carences occidentales. Une guerre intellectuelle contre l'islamisme refonderait nos croyances et nos mœurs, leur redonnant une assise plus ferme. Nul ne veut la guerre, personne ne souhaite la mort ni la destruction qu'elle implique. Mère de toute chose, la guerre enfante surtout des orphelins. Désirer l'avènement de conflits armés serait aussi stupide qu'obscène. En revanche, un choc purement idéologique peut s'avérer salutaire.

Rendez-nous nos ennemis

« Nous sommes en train de vous faire une chose terrible, nous sommes en train de vous priver d'ennemis ! » prévint Iouri Abartov, conseiller de Gorbatchev, au début de la perestroïka. Le marxiste ne s'est guère trompé. Conformément à la prophétie de Hegel[13] : dépourvus d'ennemis, les États ne tardent pas à devenir leur propre ennemi. « Bombardez les états-majors ! » enseigne-t-on à l'Ena comme à Todaï[14]. Il suffit d'ouvrir les quotidiens occidentaux pour consulter l'interminable nécrologie des activités étatiques : avant-hier l'industrie, hier la monnaie, aujourd'hui la protection sociale. L'État est mort, vive la société civile ! Certains saluèrent l'avènement d'un contre-pouvoir mondial à Seattle. Pourtant, les peuples ne possèdent pas d'autre expression que celle d'instances élues. Démocratiquement illégitimes, ces contre-poids ne pèsent pas lourds. Que peuvent les microscopiques ONG devant des phénomènes paralysant les mastodontes gouvernementaux ? Nul ne songe à diminuer le mérite d'ATTAC, de Médecins du monde ou d'Amnesty International. Cependant, face aux maux de l'humanité, leur contribution ne dépasse guère le stade des soins palliatifs. L'apologie de la société civile pousse à la résignation comme l'adoration du marché confine à l'aliénation. Si prompts à dénoncer les « mythologies » consuméristes, les soixante-huitards restent muets face à la tyrannie des « marques ». Aucun Ricardo n'expliquera pourquoi, entre deux paires de baskets rigoureusement identiques, le consommateur choisit le modèle le plus coûteux pour la seule raison qu'il est orné d'un symbole. Quel optimum la « griffe » procure-t-elle au consommateur ? La société tertiarisée a des utilités que les économistes ignorent. Admettons que la liberté se résume à l'accroissement de la quantité de biens et services consommés. Dans ce cas, le libéralisme ne libéra qu'une minorité d'individus. Dans tous les pays de l'OCDE, le capital s'est concentré et la délinquance juvénile a explosé.

Étrange victoire de l'autonomie qui conduit l'Amérique à incarcérer une proportion croissante de ses citoyens[15]. Il est difficile d'affirmer que l'État s'est effacé au profit de l'individu. En revanche, la liberté collective a bel et bien reculé. Moyen d'accroître la quantité de richesses disponibles, lorsqu'elle n'est pas considérée avec horreur, l'économie est conçue comme une fin en soi. Comble de l'aliénation, les États observent les mouvements de capitaux qu'ils ont libérés comme le lièvre, le boa qui va l'engloutir. Quant au progrès technique, il suscite d'incroyables régressions. Les thérapies contre des maladies jusqu'ici incurables avancent à grands pas. Pourtant, le génie génétique inspire une terreur infantile. Finançant l'essentiel de la recherche, le peuple américain paye pour savoir que la science ne se « découvre » pas toute seule. Il ne partage donc pas les réticences européennes face aux technologies. Ayant choisi de neutraliser l'État par le marché, l'électeur d'outre-Atlantique n'a aucune raison de trouver cette situation scandaleuse. Microsoft vient de vérifier à ses dépens que les citoyens américains n'ont nullement renoncé à imposer aux firmes le respect des règles qu'ils se sont données. Victimes de leurs préjugés, ils vivent sous leur toit et suivant leurs lois. Comment ne pas sourire en comparant les États du vieux monde remboursant leur dette publique jusqu'à la récession alors que les foyers américains vivent à crédit ? Les uns épargnent pour que les autres consomment. Il n'est évidemment pas anodin que Washington demeure la seule capitale occidentale à regarder la guerre en face. La liberté américaine n'a pas désarmé. Comportant le risque de sa finitude, la guerre force le groupe à prendre conscience des finalités qu'il poursuit. Face à l'agression d'un autre « droit », face à la résistance d'autres « valeurs » le sens de la liberté se dévoile. « Notre héritage est sans testament » écrivait René Char. En résistant au nazisme, le poète découvrait un horizon au-delà de sa propre survie. Impliquant la possibilité de donner la mort et celle de la recevoir, la guerre contraint les individus à transcender leur intérêt. On songe à la solidarité sociale. Si le cadre supérieur refuse de lisser son risque dans la caisse de l'employé, c'est qu'il ne croit pas leurs destins liés « à la vie à la mort ». La guerre prouve le contraire. Elle est une chambre obscure où la métaphysique, dimension autrement invisible de la politique, apparaît. Est-ce grâce à la supériorité des Mercedes sur les Trabant que Marx fut mis KO par Tocqueville ? Le communisme fut-il défait par pur matérialisme ? Plus productive que ses rivaux, la démocratie fut surtout plus conforme à la nature humaine. Comme le rappelait l'humoriste Roger Moore[16] : « Notre système n'est pas le capitalisme, c'est la démocratie ! » Si seul le profit nous guide, pourquoi refuser de produire des surhommes combattants ? La réticence des comités d'éthique traduit-elle leur mièvrerie ? Les régimes qui ne partagent pas notre échelle de valeurs n'éprouveront pas les mêmes scrupules. Mesurons la portée de nos actes sans quoi l'avenir nous forcera à la cohérence.

Tant que l'humanité ne sera pas unie sous une même loi, elle ne sera pas apaisée. Tant que les peuples ne s'accorderont pas sur une définition du juste et de l'injuste, la force restera l'ultima ratio. L'hégémonie exercée par les États-Unis ne présente donc que l'apparence de la concorde. Cette trêve se prolongera-t-elle indéfiniment ? Peut-être. Peut-être pas. La guerre peut renverser une hiérarchie internationale fondée sur l'économie. Ce constat altère la *weltaunschaüng* marchande qui est la nôtre. Il dément la thèse de la disparition des États. Mais il confirme la sentence d'Hegel : l'histoire reste le tribunal de l'Histoire. Peine capitale dont la portée tragique signifie que si Hitler n'avait pas été écrasé, les tables de la révolution française auraient été brisées. Seules comptent les idées qui triomphent ; seules survivent celles qui valent que l'on risque sa vie : jugement sans appel, sanglante jurisprudence qui forcent encore le destin de l'humanité. Le monde a rétréci. Il tourne de plus en plus vite. Son axe reste l'épée.

Notes

Introduction
La grande illusion

1. Jean Baudrillard, *La guerre du Golfe n'a pas eu lieu*, Galilée, Paris, 1996.

2. Cité par Alvin et Heïdi Tofler *Guerre et Contre-guerre*. Fayard, Paris, 1997.

3. Cf. par exemple, Laurent Murawiec, *La Guerre au XXIe siècle*, Éditions Odile Jacob, Paris, 1999.

4. Carl Von Clausewitz, *De la guerre*, Les Éditions de Minuit, Paris, 1955. Dans cet ouvrage, le stratège résume sa vision de la guerre comme « poursuite de la politique par d'autres moyens ».

5. *Nec pluribus impar* : à nul autre pareil.

6. Auguste Comte, *Cours de philosophie positive*, Paris, 1822.

7. Norman Angell, *La Grande Illusion*, Londres, Thornton, 1912.

8. Raymond Aron, *L'Avenir de la guerre*, Commentaire, hivers 1992-93

9. Paul Valéry, *Variétés 1 et 2*, Gallimard, Paris, 1930.

I
Poker à Pyongyang

1. Pascal Boniface et l'IRIS, *L'Atlas des guerres*, Michel Lafon, Paris, 1999.

2. AIEA : Agence internationale de l'énergie atomique, organisme chargé de surveiller l'application du Traité de non prolifération.

3. CEA : Commissariat à l'énergie atomique.

4. La population nord-coréenne est répartie en trois classes : les « loyaux », apparatchiks du régime, les « intermédiaires », étroitement surveillés, et les « indécis », internés dans les camps de travail.

5. Bilan de vie : séance d'autocritique publique et mensuelle à laquelle tout citoyen coréen est astreint.

6. Containers : les résidus des centrales à eau lourde de la RPCN, fortement proliférantes, ont été conditionnés sous contrôle international après 1995 et doivent être transférés vers Séoul.

7. Accord du 21 octobre 1994 : Pyongyang, après avoir dénoncé le TNP en mars 1993, a signé à Genève, avec les États-Unis, un mémorandum d'accord prévoyant l'inspection des sites en échange d'une aide économique.

8. KEDO : le *Korean Energy Development Organization* est un consortium nippo-coro-américain créé pour la mise en œuvre de l'accord de Genève.

9. L'expression « Grand dirigeant » sert à désigner Kim Jong II. Son fils, Kim II Sung est le « Cher dirigeant ».

10. Les *minutemen* sont des missiles nucléaires intercontinentaux américains.

11. La RPCN possède plusieurs catégories de vecteurs de longue, Taepong II, 2 500 km, et moyenne portée, No Dong, 1 500 km.

12. L'école des langues de la CIA est située à Monterrey, en Californie.

13. L'ex-Mme Kim Jong II a trouvé refuge en Corée du Sud.

14. L'Institut de longue vie : institut médical exclusivement réservé au « Cher dirigeant ».

15. Kim Yong Nam est le chef de la diplomatie de Pyongyang.

16. La ferme : nom que ses agents donnent au siège de la CIA à Langley.

17. CMD : Chef de mission diplomatique.

18. Miss Choi Eun Hee : actrice sud-coréenne enlevée par les services secrets nord-coréens à la demande du dauphin du régime.

19. Le contre-espionnage du régime est fortement suspecté d'avoir fait exploser en vol un Boeing sud-coréen dans les années soixante-dix.

20. Hwang Jang-Yop : l'un des principaux transfuges du régime.

21. *Message flash* : télégramme chiffré ayant un caractère d'extrême urgence.

22. Programme économique de Songbong : depuis 1995, le régime a ouvert les districts frontaliers avec la Chine dans l'espoir de glaner quelques devises.

23. *Humint* pour *human intelligence*, dans le jargon du renseignement américain, le terme désigne les informations recueillies sur le terrain, par opposition aux données collectées grâce à la technologie.

24. Au mois d'octobre 1997, 472 réfugiés nord-coréens, originaires de Jagang, et fuyant la famine ont transmis les effarantes données reproduites dans le scénario.

25. Coopérants américains, souvent des étudiants, collaborant à leur insu à la collecte de renseignement pour leur gouvernement.

26. *Global Positionning System,* réseau satellite de l'armée américaine permettant de déterminer la latitude et la longitude exactes de n'importe quel point du globe.

27. DMZ : zone démilitarisée, profonde de 4 km et longue de 250 km, divisant la péninsule coréenne.

28. USB : standard de connexion informatique reliant un périphérique à une unité centrale.

II
Paris brûle-t-il?

1. André Glucksmann, *La Force du vertige*, Grasset & Fasquelle, Paris, 1983.

2. L'ALN est l'Armée de libération nationale dont les cadres se recrutèrent parmi les combattants de la guerre d'indépendance durant la guerre avec la France.

3. Cf. Lahouari Addi, « L'Armée algérienne confisque le pouvoir », *Le Monde diplomatique,* février 1998.

4. Bouteflika se présentera seul devant les électeurs après que les autres candidats ont décidé de boycotter le scrutin en raison des faveurs accordées par les militaires à leur poulain.

5. Front de libération nationale, parti unique dirigeant l'Algérie depuis l'indépendance en 1962.

6. Sonatrach : compagnie nationale chargée d'exploiter les hydrocarbures.

7. Cf. à ce sujet les remarquables analyses que Gilbert Grandguillaume consacre aux liens entre modernisation et arabisation in « Arabisation et démagogie en Algérie », *Le Monde diplomatique,* février 1997.

8. Cf. Lucile Provost, « Paris et Alger entre brouilles et complicités », *Le Monde diplomatique*, septembre 1999.

9. Zakat : l'aumône constitue l'une des quatre obligations du croyant avec la prière, le dogme et le pélerinage à La Mecque.

10. Lors des municipales de 1989, le FIS remporte 853 communes sur un total de 1 559 dont des scores de 64 % à Alger et de 70 % à Oran.

11. Lors du premier tour des législatives de 1991, le FIS récolta 47 % des suffrages exprimés. Un résultat qui, bien que n'exprimant que 22 % des voix du collège électoral national, laissait envisager une majorité des deux tiers en leur faveur à la Chambre, ce qui aurait entraîné l'instauration de la charria en Algérie.

12. Afin de se défendre contre les attaques des Islamistes, le pouvoir autorisa les villageois à s'armer. Ces groupes d'autodéfense furent baptisés « patriotes ».

13. Sources : Roland Jacquard, *Fatwa contre l'Occident*, Albin Michel, 1998.

14. La fortune de sa famille est évaluée à 5 milliards de dollars.

15. Révélé par Roland Jacquard, *Fatwa contre l'Occident*, Albin Michel, Paris, 1998.

16. Les différents services de sécurité, planchant sous l'autorité du Premier ministre et du ministre de l'Intérieur, élaborent chaque année un plan envisageant les pires menaces auxquelles le pays peut être exposé.

17. En arabe, *En Nadha* signifie la renaissance, ce mouvement intégriste a trouvé refuge à Londres.

18. À cette date, l'Algérie possédait déjà une pile d'un mégawatt fournie en 1989 par l'Argentine.

19. Le plutonium forme la matière première des bombes.

20. Abou Hamza, *Les Partisans de la charria*, revue basée à Londres.

21. Cf. Djamel Benramdane, « Violence tolérable en Algérie », *Le Monde diplomatique*, mars 1999.

22. Atomenergo-Export : organisme parapublic russe détenant le monopole de l'exportation des matières nucléaires. Les services de renseignement occidentaux soupçonnent ses dirigeants d'avoir opéré des transferts illégaux de technologie à destination de l'Irak, de la Libye et de l'Iran.

23. Al Taqwa Bank : établissement basé à Nassau, dirigé par un intégriste égyptien des frères musulmans, Youssouff Al Nada. Entouré du plus grand secret, le nom de cette banque réapparaît souvent comme bailleur de fonds du terrorisme islamique.

24. La vente à l'Iran de 60 kg de plutonium enrichi.

25. *Yellow Cake* en anglais, le « gâteau jaune » : allusion à l'aspect du concentré d'uranium. Son prix de marché est d'environ 20 dollars le kilo. Il ne présente aucun intérêt « militaire ».

26. Période : durée durant laquelle la moitié des atomes présents initialement se désintègrent. Au bout de la « période », le matériau a ainsi perdu la moitié de son activité.

27. Baumettes : principal établissement pénitentiaire de Marseille.

28. Allah ou Akbar : en arabe « Allah est grand », credo de l'appel à la prière que l'on peut entendre plusieurs fois par jour à proximité des mosquées.

29. Djamel Zitouni : créateur des Phalanges de la mort, l'un des groupes terroristes algériens les plus fanatiques. Il tombe sous les balles de la police algérienne en juillet 1996.

30. Groupe islamique armé, nébuleuse terroriste des intégristes algériens. Commanditaire des séries d'attentats perpétrés en France.

31. Ben Gourion : l'aéroport de Tel Aviv; la douane et la sécurité aéroportuaires y sont réputées les plus draconiennes du monde.

32. Mélanome : tumeur maligne de la peau, cancer incurable lorsqu'il a pénétré la lymphe.

33. Unité de coordination de la lutte antiterroriste.

34. ST : Dans le jargon des services de sécurité désigne la DST, la Direction de la sécurité du territoire.

35. IPSN : Institut de protection et de sûreté nucléaire, service du Premier ministre chargé du contrôle des sources radioactives sur le territoire.

36. Boîte : surnom donné à la Direction générale de la sécurité extérieure (DGSE).

III
Mourir pour Taïwan

1. Cf. Henry Kissinger, *White House Years*, Little, Brown and Company, 1982.

2. Deng Xiaoping justifiera sa conversion au capitalisme en ces termes : « Peu importe que le chat soit noir ou gris, l'essentiel, c'est qu'il attrappe des souris. »

3. Il obtient un score de 54 % des suffrages exprimés : résultat certainement supérieur à ce qu'il aurait obtenu sans gesticulation de Pékin.

4. Moyenne depuis 1996.

5. Unités de choc aéroportées ou amphibies, principalement casernées en face de Taïwan, dans la province du Fujian.

6. Han : ethnie majoritaire (90 % de la population), originaire du nord de la Chine.

7. Guoanbu : acronyme de Secrétariat à la sécurité nationale, les services spéciaux chinois.

8. *American Gothic* : toile célèbre outre-Atlantique, peinte par Grant Wood et représentant un couple de fermiers austères au temps des pionniers.

9. Juan Tou : traduction de « troupes coups de poing », unités d'intervention rapide de l'armée chinoise formées pour des opération amphibies ou aéroportées.

10. Sukkoïs 27 : équivalent des Mirage 2000 français et des F 15 américains, les Sukkoïs sont des chasseurs supersoniques de fabrication russe. La Chine en a acheté 72 à Moscou en 1995 mais a obtenu de pouvoir les monter elle-même, ce qui lui a permis d'en produire seule par la suite.

11. China INC : Chine SA, expression utilisée par les Taïwanais pour décrire la conversion totale du régime communiste aux affaires.

12. Fujian, Guangdong : deux zones économiques spéciales de la façade maritime méridionale de la Chine

13. Stonne Cutter · base radar britannique installée sur la presqu'île de Kow Long, récupérée par l'armée chinoise après la rétrocession de Hong Kong.

14. SS 18 : missiles russes à combustible solide, à longue portée. On soupçonne Pékin d'en avoir acheté d'importantes quantités afin de moderniser sa propre gamme de vecteurs (Dong-feng).

15. Bureau de liaison : de nombreux États parmis lesquels les USA ne reconnaissant pas Taïwan comme un État n'ont pas de représentation diplomatique sur l'île. Les bureaux de liaisons dans lesquels sont employés des diplomates renonçant provisoirement à leur fonction font en réalité office d'ambassade.

16. NSA : National Security Agency, l'une des principales agences de renseignement américaines en charge de l'espionnage technologique.

17. AK 47 : fusils d'assaut chinois.

18. Apaches : hélicoptère de combat américain.

19. Air Force One : avion officiel du président des États-Unis.

20. Code rouge : désigne une frappe nucléaire dans le lexique de l'armée américaine.

IV
Cauchemar au Cachemire

1. Propos rapportés par *Le Monde*, vendredi 7 janvier 2000.

2. Lal Krishna Advani, né le 8 novembre 1929 à Karachi, est l'un des membres fondateurs du parti extrémiste hindou BJP. Ministre de l'Intérieur de novembre 1993 jusqu'en avril 1999, il reste l'homme fort du parti.

3. Le BJP ou Bharatiya Janata Party, formation politique majoritaire depuis 1993, mêle hindouisme et ultranationalisme. La xénophobie antimusulmane et antipakistanaise forme son principal fonds de commerce.

4. Le Shiv Shena est un parti prônant l'élimination physique des musulmans. Implantée dans la région de Bombay, son chef se réclame d'Adolf Hitler.

5. L'ourdou est la langue officielle du Pakistan, elle diffère peu de l'indi, l'idiome majoritaire de l'Inde.

6. Dawwod Ibrahim, caïd de la pègre musulmane indienne, a été impliqué dans la série d'attentats qui fit 262 victimes à Bombay, en mars 1993. Aujourd'hui réfugié au Pakistan, on le soupçonne d'être un agent d'Islamabad.

7. Le Khalistan Commando Force est l'une des organisations indépendantistes les plus dures des Sikhs du Pendjab indien. Ils tirent leur nom de l'État qu'ils veulent créer : le Khalistan.

8. Le LTTE, le Front de libération des Tigres tamouls, est l'armée clandestine de la minorité hindouiste du nord du Sri Lanka. La guerre qui les oppose depuis le début des années quatre-vingt aux autorités de Colombo a déjà fait 500 000 morts. Les Tamouls souhaitent la constitution d'un État regroupant le nord de Ceylan et la province indienne du Tamil Nadu.

9. Rajiv Gandhi, Premier ministre de l'Inde entre 1984 à 1991, décida en 1987 d'intervenir au Sri Lanka. Les Tigres crurent que les soldats indiens étaient venu les soutenir alors qu'ils les désarmèrent. Rajiv Gandhi fut exécuté par un commando suicide le 21 mai 1991.

10. ISI est l'acronyme des services de renseignement pakistanais.

11. Le Hizbul Mujahiddin est la branche armée de la Jamaat-i-Islami, groupe terroriste fondamentaliste du Cachemire.

12. Les Talibans ou étudiants islamiques sont des fondamentalistes pachtounes que l'ISI a installés au pouvoir à Kaboul. Ils sont envoyés en première ligne dans la guerre de libération du Cachemire.

13. Azad Kashmir est le nom pakistanais de la province. Côté indien, elle se nomme « Jammu et Cachemire ».

14. Sadu : ascète ou yogi souvent crédité de pouvoirs magiques.

15. Babar : premier occupant musulman de l'Inde.

16. NSA : Agence nationale de sécurité américaine, l'une des principales officines de renseignement outre-Atlantique.

V
Hitler à Moscou

1. Frédéric Clairmont, « La Russie au bord de l'abîme », *Le Monde diplomatique*, mars 1999.

2. Données transmises par Jacques Sapir.

3. Lors d'un entretien à la BBC.

4. J. Sapir, *Le Chaos russe*, La Découverte, Paris, 1996.

5. Alain Peyreffite, *C'était de Gaulle*, Tome I, Fayard, Paris, 1994.

6. Le *Rossiiskaa Gazetta* cité par Jean Radvanyi in « Tempête politique en Russie », *Le Monde diplomatique*, juin 1999.

7. Dmitri Fourman, « Enquête sur l'ascension d'un dauphin », *Obchtchaïa Gazeta Moscou* In *Courrier international*, n° 476.

8. Boïkivis : nom donné aux combattants tchétchènes.

9. Cf. l'introduction du présent chapitre.

10. Le document officiel date de 1993, théoriquement il reste toujours en vigueur.

11. Réseau inspiré par l'IDS – Initiative de défense stratégique – ou « guerre des étoiles », lancée par le président Reagan au début des années quatre-vingt. Ce programme américain tel qu'il existe à l'état de prototype en janvier 2000 repose sur un double mécanisme défensif. Détectés lors de leur départ par les Brilliant Eyes grâce à leur signature infrarouge produite par la chaleur de leurs gaz au moment du décollage, les missiles intercontinentaux sont suivis pendant leur trajectoire et détruits en cours de vol extra-atmosphérique par les Brilliant Peebles.

12. Dans la province azerbaïdjanaise du Nagorny-Karabakh à majorité arménienne, les Russes étaient garants d'un accord de paix tripartite conclu au mois de juillet 1994.

13. Tatiana Diatchenko, la fille de Boris Elstine, et Boris Berezovski sont soupçonnés d'avoir détourné des fonds versés par les organisations internationales afin de favoriser la transition économique en Russie.

14. *Vodj* : l'équivalent russe de « fürher ».

15. Petite Russie : depuis le XVIIIe siècle, les Russes ont pris l'habitude de voir dans l'Ukraine le prolongement méridional de la Grande Russie centrée sur Moscou.

16. Exemple rapporté par Frédéric Clairmont, « La Russie au bord de l'abîme », *Le Monde diplomatique*, mars 1999.

17. Akadomenskaia était l'une des principales villes secrètes dédiées à la recherche militaro-industrielle pendant la guerre froide.

18. Uniates : chrétiens de rite orthodoxe mais rattachés à l'Église catholique.

19. En 1954, la Crimée, aujourd'hui peuplée de 67 % de Russes, fut rattachée par Kroutchev à l'Ukraine. Cette région abrite Sébastopol où mouille la flotte de la mer Noire dont Moscou conserve 80 % des bâtiments.

20. GRU : *Glavnoye Razvesdyvatelnoye Upravlenie*, le renseignement militaire russe.

21. L'Amoco BP est l'une des toutes premières *majors* pétrolières à avoir misé sur l'ouverture de *pipe-lines* reliant directement Bakou à l'Europe occidentale.

22. Monsieur PESC : l'Union européenne, dans le cadre du développement d'une politique étrangère et de sécurité commune (PESC), a décidé de nommer un représentant de l'Union chargé des relations internationales (un monsieur PESC).

23. Soccar est le nom de l'organisme public azerbaïdjanais chargé d'exploiter les ressources énergétiques du pays.

24. La base de radar de Gaballa fut installée par l'armée rouge. Dans le cadre des accords stratégiques conclus entre la Russie et l'Azerbaïdjan, Moscou tente de persuader Bakou de lui rétrocéder ce qui est l'une des pièces maîtresses du dispositif d'alerte avancé de surveillance aérienne des frontières de la CEI.

25. Haut-Karabbkah, Ossétie, Abhakzie, Moldavie : dans toutes ces régions situées chez ses voisins, la Russie a fomenté des troubles ethniques.

26. CNESS : Centre national d'études scientifiques spatiales.

27. Spetnatz : forces spéciales russes rattachées au GRU, équivalents des COS – opérations spéciales – français. Ces troupes sont connues pour l'extrême dureté de leur entraînement.

28. Lasers iode ou à rayons X : armes appelées également « tueuses de satellites », les Russes ont testé plusieurs de ces engins au cours des années quatre-vingt-dix. Les photons qu'ils utilisent donnent un rayonnement permettant de neutraliser simultanément plusieurs dizaines de cibles. Par ailleurs, tirant 1 000 coups minute, ils peuvent atteindre une pièce de 20 centimes à 500 km de distance. Le vide spatial n'induit en effet ni divergence ni perte de puissance.

29. Brilliant Peeble : satellite américain capable de détecter et de suivre les trajectoires de tout missile sortant de l'atmosphère et de

le détruire grâce à une arme à énergie cynétique (Kew Kinetic Energy Weapon).

30. Le AFSC, Air Force Space Command américain, est le QG des opérations militaires spatiales américaines. Depuis la base de Peterson dans le Colorado, il gère 25 centres de détection spatiaux (modifications de la trajectoire d'engins, détection de missiles, etc.)

31. SCSSI : Service central de la sécurité des systèmes d'information.

32. Il s'agit de codes d'identification cryptés permettant aux données extérieures de pénétrer ou de quitter la mémoire des ordinateurs du système.

33. Caculé en mégahertz, le cycle d'horloge indique la vélocité de l'ordinateur.

34. RSA est une clé de chiffrement à 128 Bits, actuellement en service dans les ambassades et les organismes militaires occidentaux. Son nom lui a été donné par ses trois concepteurs, Rivert, Shamir et Adelman.

VI
Les Sudètes de l'Asie

1. Jean-Luc Domenach, *L'Asie en danger*, Fayard, Paris, 1998.

2. ANSEA : Association des nations du Sud-Est asiatique regroupant la Thaïlande, la Birmanie, la Malaisie, Singapour, les Philippines, l'Indonésie, Bruneï, le Laos, la Birmanie et le Vietnam.

3. Macclesfields : chapelets de rochers dans les Spartleys.

4. R. Bernstein et R.H. Munro, *Chine-États-Unis : dangers*, Bleu de Chine, Paris, 1998.

5. Ringgit : devise malaisienne.

6. Shenzhen : ville chinoise de la province méridionale côtière du Guandong.

7. Yuan : devise de la Chine populaire.

8. Circoncision : la plupart des Malais sont de confession musulmane.

9. Kelantan Darul Naim l'État le plus pauvre de la fédération malaise où la charria fut instaurée par les autorités locales entre 1990 et 1996.

10. Kotow : prosternations traditionnelles accomplies en présence de l'empereur de Chine.

11. Nansha Qundao : correspond à l'archipel des Spartleys du Sud.

12. Convention de Montego Bay : véritable charte du droit de la mer, ce texte, entré en vigueur en novembre 1994. accorde de larges prérogatives aux États côtiers.

13. Natuna : îles indonésiennes recelant d'importants gisements gaziers.

14. Alias de l'ANSEA dans la langue de Shakespeare.

15. Sarawak : portion orientale du territoire malais, au nord de Bornéo.

16. La convention de Vienne du 18 avril 1961 consacre la protection du personnel diplomatique.

17. Kabutocho : le Quai d'Orsay nippon.

18. Haië : oui en Japonais.

19. Allusion au fait que les États occidentaux laissèrent l'OPEP augmenter les prix du pétrole sans réagir.

20. PKO Peace Keeping Operations, loi votée en 1992 autorisant les forces japonaises à participer à des opérations de maintien de la paix sous l'égide de l'ONU.

VII
Ravage à Riyâd

1. Ce dernier signe avec le président Roosevelt les accords du Quincy le 13 février 1945 et cède le monopole d'exploitation des hydrocarbures aux USA.

2. Cf. Gilbert Achcar, « Le Monde arabe orphelin de la démocratie », *Le Monde diplomatique*, juin 1997.

3. En 1996, la part du budget allouée à l'éducation augmente de 50 %.

4. Il s'agit du « Comité contre l'oppression ».

5. Safar Al-Hawali.

6. Cf. Alain Gresh, « Les Mystères d'un attentat en Arabie Saoudite », *Le Monde diplomatique*, septembre 1997.

7. Haut conseil pour l'orientation islamique : organisme créé en octobre 1994 par Riyâd afin d'encadrer l'activité des prédicateurs.

8. Abdallah : depuis le 1er janvier 1996, le prince règne sur le royaume wahhabite.

9. Ibn Saoud : famille régnante en Arabie Saoudite depuis 1964.

10. CDDI : Comité de défense des droits légitimes, mouvement d'opposition intégriste dirigé par le Dr Mohammad al-Masari.

11. L'organisation pour le Conseil et la défense des droits légitimes : organisation rivale du CDDI, dirigée par le milliardaire intégriste Oussama Ben-Laden.

12. Majlis al-Shoura : « conseil consultatif » ou embryon de parlement, composé de soixante membres nommés.

13. Une telle technologie équipe déjà certaines missions occidentales.

14. B1 : Bombardier à long rayon d'action, également utilisé lors d'opérations spéciales.

15. Fort-Detrick : Centre de recherche sur les menaces bactériologiques de l'armée américaine, situé dans l'État de Caroline du Nord.

16. NBC : Nucléaire, Bactériologique, Chimique.

17. Aérobie : mode de diffusion de micro-organismes, capables de survivre dans l'air.

18. Ebola : virus mal connu, provoquant une fièvre hémorragique mortelle. Régulièrement, le virus « sort » de la forêt équatoriale en Afrique occidentale.

19. OMS : Organisation mondiale de la santé, branche des Nations unies reponsable notamment de la prévention des catastrophes sanitaires globales.

20. Irrationnelle : d'un point de vue économique, si le coût de l'élimination des déchets radioactifs est supérieur à l'avantage procuré par l'énergie nucléaire, l'utilisation de cette source sera irrationnelle.

21. Toutes choses égales par ailleurs – notamment, la demande et les quantités offertes par les autres pays –, si la quantité de brut offerte sur le marché par l'un des producteurs augmente, mécaniquement, le prix du pétrole diminuera.

22. *Desert Storm* : nom de code de l'opération alliée, menée en 1991, afin de bouter Saddam Hussein hors du Koweit.

23 Conseiller national pour la sécurité · personnalité chargée sous l'autorité du Président de coordonner les services de renseignement ainsi que l'action des diplomates et des militaires.

24. Anthrax : bactérie dont un dix millionème de gramme entraîne la mort.

25. Les Soviétiques ont effectivement mis au point, à la fin des années quatre-vingt, une souche de peste résistant à tous les traitements connus. Ils l'ont obtenue par le procédé indiqué plus bas.

26. Virus sélectif : il n'existe pas d'informations « ouvertes » relatives à l'existence d'une telle arme.

27. Les criminels de guerre japonais ont été amnistiés en échange de leur coopération scientifique.

28. Les publications utilisées par les laboratoires d'analyses médicales suffisent à se procurer les ingrédients.

29. Grippe : comme n'importe quelle structure moléculaire, elle peut faire l'objet de combinaisons génétiques. Le mélange de ce virus avec la toxine du venin de serpent à sonnette a déjà été réalisé en laboratoire.

30. L'apparence de la bactérie peut effectivement être rendue invisible grâce à la recombinaison de l'ADN, sa surface ainsi modifiée, son identification est abandonnée aux lois de la probabilité… et du hasard.

31. Tomahawks : missiles de croisière américains, tirés depuis des porte-avions.

32. Oteïbas : tribus hostiles à la famille royale, alliés des Yéménites qui participèrent à l'attaque de La Mecque par des fanatiques le 20 novembre 1979.

33. Arc stratégique : Muammar al-Khadafi, le leader lybien, a déclaré en mars 1994 : « Nous espérons assister à une confrontation entre la Chine et l'Amérique, chef de file des croisés. Nous, musulmans, nous soutiendrons la Chine dans son combat contre l'ennemi commun… »

34. Pierre d'Akabaa : pierre noire donnée à Abraham par l'archange Gabriel, enchâssée dans le mur sud-est de la Mosquée. Le cinquième jour de son pélerinage, un musulman doit en accomplir sept fois le tour et si possible baiser la pierre.

35. Mhadi : messager divin dont la venue est annoncée par le Coran et qui, établissant sa capitale à Jérusalem, sera le Commandeur des croyants en son temps. C'est un jeune homme de vingt-six ans qui, se faisant passer pour le Mhadi, poussa la foule à l'émeute lors des événements de novembre 1979 à La Mecque.

36. Ansars : les victorieux.
37. Dadjdjal : l'Anti-Messie.

Conclusion

1. Adopté en 1989, ce texte proscrit l'application de la peine de mort aux personnes de moins de dix-huit ans.
2. Avant de lever son moratoire de 1992, Paris accéléra la négociation du traité d'interdiction complète des essais nucléaires.
3. Henry Kissinger, *Diplomatie*, Fayard, 1996.
4. Samuel Huntington, *Le Choc des civilisations*, Odile Jacob, 1997.
5. Zbigniew Brzezinski, *The Grand Chessboard*, Harper & Collins, 1997.
6. Sur Feuerbach, 6e fragment in Marx/Engels, *L'Idéologie allemande*, Éditions sociales, Paris, 1982.
7. Par exemple, le Pakistan, allié de Washington, est aussi celui des Afghans, suppôts du terrorisme islamique.
8. L'expression, désignant les terres s'étendant au-delà de l'Empire romain, fut remise au goût du jour par Jean-Cristophe Ruffin, *L'Empire et les nouveaux barbares*.
9. Philippe Delmas, *Le Bel Avenir de la guerre*, Gallimard, 1996.
10. Daniel Benjamin et Steve Simon, ex-membres du Conseil national de Sécurité, « Some Myths about Bin Laden and Why Terror is Here to Stay », *New York Times*, 4 janvier 2000.
11. Le professeur Paul Bracken soutient pour sa part que la Chine a pu monter des GPS sur ces missiles et ainsi recorriger la trajectoire des armes en cours de vol. Cf. *Fire in The East*, Harper and Collins, New York, 1999.
12. Bogdan Denis Denitch, *Ethnic Nationalism : The Tragic Death of Yugoslavia*, Minneapolis, University of Minnesota Press, 1994.
13. G.W. Hegel, *Principes de la Philosophie du droit*, Vrin, 1993.
14. L'université de droit de Todaï forme les futurs hauts fonctionnaires nippons.
15. En 1980, la population des USA était de 226 millions d'habitants, ses prisons enfermaient 370 000 détenus. En 1998, avec

une population totale de 267 millions, la population carcérale est passée à 1,8 million.

16. Roger Moore est le réalisateur du désopilant *Big One* sorti sur les écrans français en décembre 1999.

Sources

I

R. Jacquard, *Fatwa contre l'Occident,* Albin Michel, Paris, 1998.

Hassan Al Tourabi, *Islam, avenir du monde*, entretiens avec Alain Chevalérias, J.-C. Lattès, 1995.

P. Aziz, *Le Paradoxe de Roubaix*, Plon, 1996.

N. Beau, *Paris, capitale arabe*, Le Seuil, 1995.

L. Addi, « L'Armée algérienne se divise », *Le Monde diplomatique*, mars 1999.

B. Callies de Salies, « Les Mirages d'une victoire militaire », *Le Monde diplomatique*, février 1998

L. Provost, « Paris et Alger entre brouilles et complicités », *Le Monde diplomatique*, septembre 1996.

M. Harbi, « L'Algérie prise au piège de son histoire », *Le Monde diplomatique*, mai 1994.

Reportage, France 2, 26 juin 1998, *Demain l'Apocalypse.*

Note (numéro 23/96) distribuée le vendredi 27 décembre 1996 au cours de la réunion UCLAT sur l'entraînement des volontaires français pour le djihad.

Note (numéro 18/94) de la police de l'air et des frontières du 28 mai 1994 sur la présence d'Afghans en France.

G. Fuller, *The Algerian Nuclear Arms Scare*, CIA-Middle East, Risks Group, 1998.

II

Mazarr, M. J. *North Korea ad the Bomb : A Case Study in Non Proliferation*, St. Martin's Press, 1995.

Carus Seth, *Balistic Missiles in the Third World : Threat and Response*, Praeger Publishers, 1990.

Dupuy Trevor, *Future Wars, The World's Most Dangerous Flashpoints*, Warner Books, New York, 1991.

Godson Roy, *Intelligence Requirements for the 1990s*, Lexington Books, 1989.

Henriksen Thomas H & Kyongsoo Lho, *One Korea ?*, Hoover Institution Press, Standford, 1994.

International Institute for Strategic Studies, *The Military Balance : 1997-1998*, Brassey's, London, 1997.

Nicolas Regaud, *Corée du Nord : vers l'implosion ?* In Jean-Luc Domenach, François Godement (dir.), *Communismes d'Asie : mort ou métamorphose ?* Bruxelles, Complexes, 1994.

Byung-joon Ahn, *The Man who Would be Kim*, in *Foreign Affairs*, novembre-décembre 1994.

Pierre Rigoulot, *Crimes, terreur et secret en Corée du Nord in* Stéphane Courtois et *alii*, *Le Livre noir du communisme*, Paris, Robert Laffont, 1997.

III

F. Mengin, *Trajectoires chinoises, Taïwan, Hong Kong et Pékin*, Khartala-CERI, Paris, 1998.

S. Bésanger et G. Schulders, *Les Relations internationales en Asie-Pacifique*, Alban, Paris, 1998.

J.-L. Domenach, *L'Asie en danger*, Fayard, Paris, 1998.

R. Bernstein et R.H. Munro, *Chine-États-Unis : Danger*, Bleu de Chine, Paris, 1998.

P. Godwin et J. Caldwell, *PLA Power Projections : Year 2000 ?* rapport de la conférence de Staunton Hill du 17 au 19 juillet 1994.

H. Kissinger, *White House Years*, Little, Brown and Company, Boston, 1979.

Can China Win the Next War? Working Papers, *US-Navy Academy Press*, Annapolis, 5 mai 1994.

S. Faison, *Tensions in Taïwan : the Polemics*, *The New York Times*, 22 mars 1996.

P.E. Tyler, *As China Threatens Taïwan, its Makes Sures US Listens*, *The New York Times*, 23 janvier 1996.

C. S. Gray, *How Geography still Shapes Security*, Orbis, printemps 1994.

D. Shambaugh, *China's Military Modernization : Perceptions, Progress and Prospects*, *The Washington Quaterly*, printemps 1996

IV

Ch. Jaffrelot (dir.), *L'Inde contemporaine*, Paris, Fayard, 1997.

Ch. Jaffrelot, *Les Nationalistes hindous. Idéologie, implantation et mobilisation des années 1920 aux années 1990*, Paris, Presses de la Fondation nationale des Sciences politiques, 1993.

Ashley J. Tellis, *Stability in South Asia*, Rand Corporation, Arroyo Center, Army Research Division, 1997.

Grover Verinder (dir.), *India's Neighbours and her Foreign Policy*, New Delhi, Deep & Deep publications, 1992.

Sources audiovisuelles

ARTE, *Inde, La Démocratie sans complexe*, soirée thématique du 17 août 1997.

ARTE, *Pakistan*, « Le dessous des cartes », 21 juin 1997.

FRANCE 3, « Les dossiers de l'histoire », « Les tourments de l'Inde », 30 mars 1995.

http://www.bjp.org/history.html (site officiel du BJP)

htt://www.nic.in/armedforces/arstren1.htm (site de l'armée indienne)

htt://orion.neiu.edu/-saansari/PAKARMY.htm (site de l'armée pakistanaise)

VI

E. Ma Mung, « La Diaspora Chinoise », *Revue européenne des Migrations.*

B. de Beer Luong, *Les Chinois d'outre-mer,* Défense nationale.

J. P. Gomane, *L'Ombre chinoise sur l'Asie du Sud-Est*, Défense nationale.

R. W. Sullivan : *Discarding the China Card, Foreign Policy.*

H. Couteau-Bégarie, *Géostratégie du Pacifique,* Paris, Economica, 1987.

Mark J. Valencia, *China and the South China Sea Dispute, Adelphi Papers,* n° 298, Oxford University Press.

A. Alatas, *Managing Potential Conflicts in the South China Sea, Indonesian Quaterly*, vol. 18, n° 2, avril 1990.

VII

P. Delmas, *Le Bel Avenir de la guerre*, Paris, 1995, Gallimard, NRF-essais.

A. et H. Toffler, *Guerre et contre-guerre, Survivre au* XXIe *siècle*, Fayard, Paris, 1995.

B. Botiveau, J. Cesari, *Géopolitique des Islams*, Economica, 1997.

James Piscatori, *Islamic Fundamentalism and the Gulf Crisis,* Chicago, American Academy of Arts and Sciences, 1991.

F. Mernissi, *Islam and Democracy : Fear of the Modern World,* Reading, MA, Adisson-Wesley.

E. Evans, *Arab Nationalism and the Persian Gulf,* Harvard Middle Eastern and Islamic Review, Boston, 1994.

S. al-Hawali, *Infidels, Without and Within*, New Perspective Quaterly, 8.

G. Fuller, *The Appeal of Iran*, National Interest, 37, automne 1994.

Table des matières

Impression réalisée sur CAMERON par

BUSSIÈRE CAMEDAN IMPRIMERIES

GROUPE CPI

à Saint-Amand-Montrond (Cher)
pour le compte des éditions Flammarion
en octobre 2001

N° d'édition : FF784306. — N° d'impression : 014460/1.
Dépôt légal : mars 2000.

Imprimé en France